〝ちょっとした事〟で誰でもできる

合気のコツ

湯沢吉二
合気柔術研究家

BAB JAPAN

はじめに

小さい身体で、運動神経の鈍い私は「それでも、歳をとってもできるのが真の武道」であるはずと、日々捜し回っていた。

そして、大東流合気柔術に出会った。〝合気〟の妙技は、最初は自分には手の届きそうもない達人技のように映ったが、確かに力、スピード、運動神経など、若いうちならいいが歳をとるほどに確実に衰えていく、……ようなものに頼るものではなかった。

学んでみれば、いまだ達人にはほど遠いが、それまではできなかった事ができるようになる喜び、楽しさ、充実感は確実にあった。何か〝気づき〟があると、一つ、できるようになる。それは、これから歳を重ねるほどに、むしろどんどん増えていくもののように感じた。

〝合気〟の技は奇跡のようにも映る。しかしこの奇跡は、誰の手にも届かぬような遠いところにある訳ではないのだ。

技を理解するにあたっては、

1　抜き合気（相手の抵抗を無力化）
2　触れ合気（相手がくっついて離れない、触れる程度の接触で崩す）
3　伝え合気（鞭のように波動を伝えて崩す）
の複合で解釈して、理解できるようになった。これらが〝合気〟を奇跡のように感じさせる要素にもなっていると思う。

相手を倒したり、制したりするはずの武術にして、力ずくでもない〝合気〟には、修練していく中に何とも言えない不思議な感覚、喜びがある。それを味わいたいために、私は数十年と通っている。そして、それをぜひ、まだ味わっていない人にもお伝えしたいのだ。

奇跡は起こるものでなく起こすものだという事も。

２０２２年11月
湯沢吉二

第3章　合気の要素………75

第4章 抜き合気・触れ合気・伝え合気を感じてみよう!……91

第5章 合気技法体得のコツ……131

第1章

合気とは

武田惣角師

1 大東流の系譜と技法の特徴

数ある柔術流派の中にあって、大東流の存在はとりわけ特異なのではないだろうか。何しろ、その原理を知らなければ奇跡かやらせにしか見えない。それが合気なのだ。

「合気」を用いる柔術流派は、他にはほぼ、見当たらない。大東流の大東流たるアイデンティティは、紛れもなく「合気」だ。

大東流の偉人は、何と言っても武田惣角師である。もちろん武田師とて突然現われ出た訳でもなくその師がいる訳だが、現実的にその技を遡れるのは武田惣角師までかもしれない。

大東流はもちろん現代にも伝わっている訳だ

堀川幸道師

が、その流れ（系）によって技はけっこう違う。これも大東流の特徴の一つと言えるかもしれない。

ご子息である武田時宗師に伝わった伝は、おそらく若い頃から徹底的に叩き込んだものなのだろう。惣角師が比較的若い頃の技法を示しているのではないだろうか。非常に実戦性を感じさせるものだ。技法体系を「百十八カ条」にまとめたのは時宗師だ。擁する技法は逆技から合気技まで幅広い。

惣角師の後期の弟子である堀川幸道師の技となるとちょっと違ってくる。より〝合気〟の部分が強調されているかのような、〝力〟の部分はより排除され、ともすれば〝触れるだけ〟のような技法も少なくない。傍目にはより〝奇跡〟に映るようなものだ。

堀川師の頭部を掴んだ相手がそのまま離せなくなって投げられてしまう技などは象徴的だ。冗談のようだがこれが現実的に成立するところに合気の粋たるところがある。

2 力が要らない訳

例えば、溺れる者が藁を掴む。掴んでも仕方ないのだが、掴んで離さなくなる。いや、ある意味離せなくなっている。こういうメカニズムが合気の一端であろうと思う。

武術とは、基本的に敵が目の前に想定されているものだ。敵なのだから、自分とは相反する事をやろうとする存在だ。それでも相手のしたい事をさせずに、自分のしたい事をするには、ある意味〝強制〟が必要になる。誰もが考えるのが、まずはこの〝強制〟だろう。だから多くの武術やスポーツは、相手を上回る力やスピードで、相手に〝強制〟できる者を「強い」と評価する。

この〝強制〟からの脱却をはかったのが合気だ。

溺れそうで藁のある状況を作ってやれば、相手は掴む。決して離そうとしないほどに自ら強く掴む。

基本的に武術では、不必要に力んでしまったら、おしまいだ。それは、力みはその者を確実に〝不自由〟な状態にさせるものだからだ。もっともこれは武術に限ったことでもなく、ほとんどのスポーツで〝(不要な)力み〟は禁物とされている。

つまり、相手を力ませるのが、大東流では一つの狙いになっている。力み合いの力勝負とは真逆の方法論だ。

「力み合いの力勝負」が決して酔狂で間違った方法だという訳ではない。むしろ誰もがやる、ある意味合理的な方法だ。相手の力に対して自分の力をぶつからせる。こうすれば、「自分がやりたい事ができる」がイコール「相手がやりたい事ができない」という図式になる。ぶつかり合いなのだから当然だ。

そしてこの〝ぶつかり合い〟に勝つために絶対に必要になってくるのが、相手を上回る力だ。

実は、ほとんどの人の中で、この〝ぶつかり合い〟が当たり前になっている。戦いとはぶつかり合うものであり、ぶつかり合いに負けない強さを持つものが強者であると。

そんな中で、合気はまったく違うものだった。だから今もってなお奇跡のように感じるのだ。

合気に必要なのは〝力ませる〟であり、〝掴ませる〟……つまり相手がやってくれる事だ。むしろ相手が力頼みで力んで来てくれる方が好都合、それが合気だ。

3 達人技からの発見

力には頼らない……では何が必要か、という事を考えると、思い浮かぶのは「巧妙な技術」だろう。実際、達人たちの示す技はとんでもなく高度な技術である。

しかし……である。いったい何がどう〝高度〟なのだろうか？

合気の達人たちの技は動作として決して複雑な訳でも、常人離れした動きでもない。少なくとも〝見た目〟的には。つまり、「股関節が180度開くくらい柔らかくないとできないハイキック」のようには、明らさまな身体能力によってもいないのだ。

もちろん、「〝見た目〟的には何でもないように見えるが見えない次元で常人には為し難い技術」こそが達人技だとは言えるだろう。しかし少なくとも、自分がそれまで思ってきた〝手の届かないレベル〟という方向性ではなかったのではないかと思ったのだ。

だから、自分にもできるかもしれない。

そう、希望的にとらえて、合気を修練し始めた。

やはり、と言うべきか、そう簡単にはできるようになれなかったのだが。

4 誰でもできるものに！

それでも、できないながらも重ねていた稽古の中で改めて気づいたのは、ほんのちょっとの考え方次第で、技は変わるという事だ。

相手に手首を掴まれる。その手を何とかしようとする。結果的に力ずくになっているものだから、何とかならない。ところが、あまりにも上手くいかないものだから、〝その手を何とかしよう〟と思わないで操作したら、本当に何でもなく、投げる事ができたりする。

一体何が違っていたのか？　それはすぐにはわからなかった。でも、今ならわかる。〝その手を何とかしよう〟と思って動くのと、別のところに意識を置いて動くのとでは、私の身体操作自体からしてまるで違っていたのだ。

かと言って、私の能力が急にアップした訳でもなく、やはり私は私のまま。やはり力やスピードによるものではないのだ。

私なりに〝合気〟を定義した。

1　力によらない
2　スピードによらない
3　運動神経によらない

この3条件をクリアしての技はすべて〝合気〟だ。これはあくまで私の勝手な定義なのだが、実際、達人たちの技はこの3つをクリアしているし、私はだからこそ、自分にでもでき得る、誰にでもでき得る可能性がある、と思える希望に感じたのだ。

自分ができるようになるのももちろんだが、人をできるようにしてあげたい、そういう希望が自分にはあった。それは、自分がした体験が素晴らしいものだという確信があったからだ。そしてそれは、自分のように大した身体能力もない人間でも〝ちょっとした事〟ででき得る事、それならば、きっと、誰にでもできる。

私は研究、工夫し、試行錯誤した。そしていくつか見つかった。ほんのちょっとした事で技がかかる、その〝ほんのちょっとした事〟が。

本書はそれを一冊にまとめたものだ。

もちろん、これで達人になれる、などとは言うつもりはない。あくまで〝ほんのちょっとした入り口〟である。

しかし、それがあるのとないのとでは、大違いなのだ。

第2章

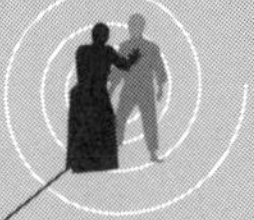

試してみよう合気の世界

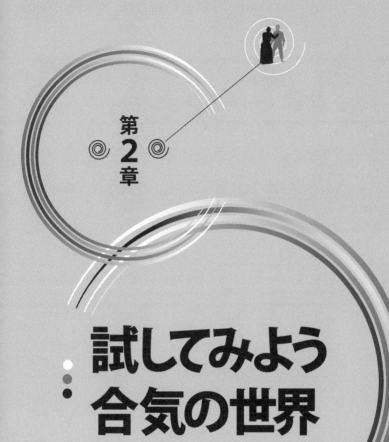

本書は私の個人的な〝思いつき〟に端を発するちょっとした、けれど効果としては馬鹿にならない〝コツ〟をまとめたものである。

試行錯誤の末にたどり着いたものなので、嘘はない。だから、実際にどんどん試してみていただきたい。本書の実技例は、そういうコンセプトのもとにご紹介している。

私は実は、元警察官である。暴れるものを取り押える、などという事も実際やった。取り押さえる技術も、力も必要とされている仕事だった。しかしそんな中で、〝限界〟を感じることもあった。〝逆〟を求めたくなった。というより、〝逆〟こそが真実かもしれないとも思うようになった。

つまり、誰でもできる、という事だ。誰でもできるものこそが実は〝合気〟なのではないかと。

だから、ハードルを下げられるだけ下げた。肩の力を落とせるだけ落とす。それほど親しみやすいものを目指した。そういうアプローチもあっていいのではないかと思ったのだ。

前章の繰り返しになるが、改めて「合気の定義」を示したい。

1　力によらない
2　スピードによらない
3　運動神経によらない

もちろん、達人技と呼ばれるものは誰でもできる、などという訳にはいかない。

だからこそ、こしらえた定義とも言えるかもしれない。本書はあえて〝誰でもできる〟を主眼に置いてみたいのだ。

本書では、この3ヶ条を合気の定義とする。これをクリアするなら、十分〝奇跡〟だとも思っている。

できれば孫がおじいちゃんにかける、……などのような事になるといいなと思っている。楽しんでやってもらいたい。〝奇跡〟のような事が自分にもできるとわかったら、楽しいはずなのだ。

肘回し

相手に手首を掴まれた状態で手の平を返そうとしても、なかなかかなわない。

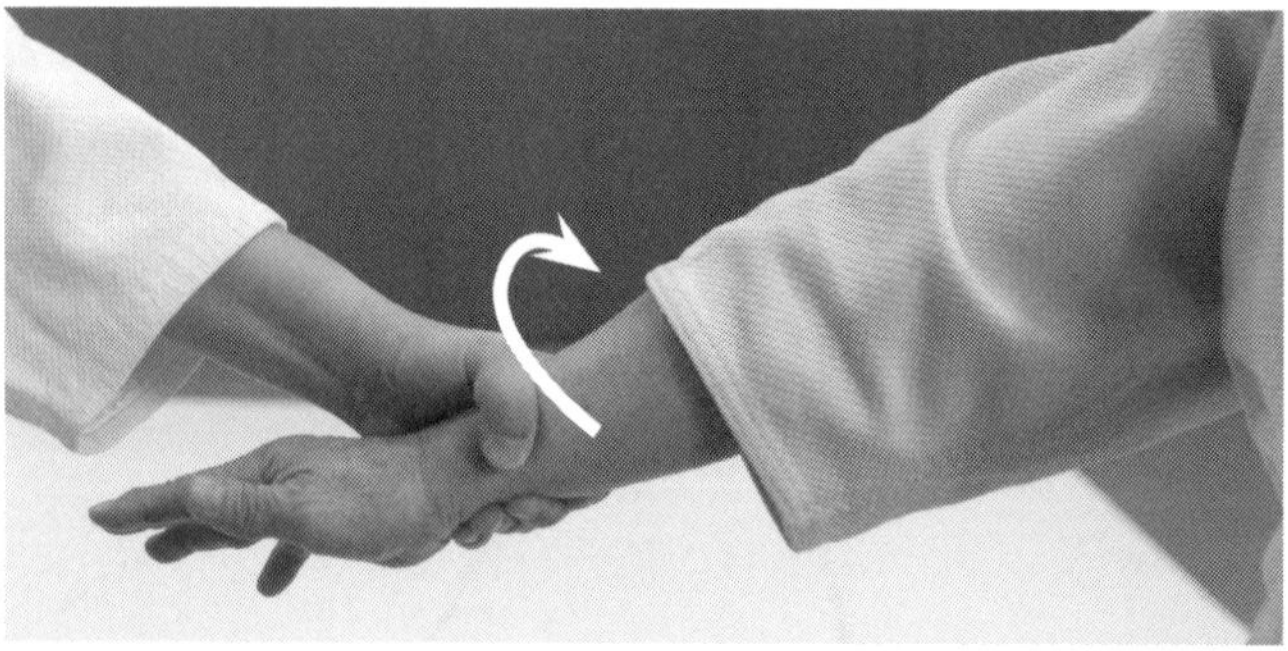

相手に掴ませたまま、肘関節を回転させると、返すことができる。

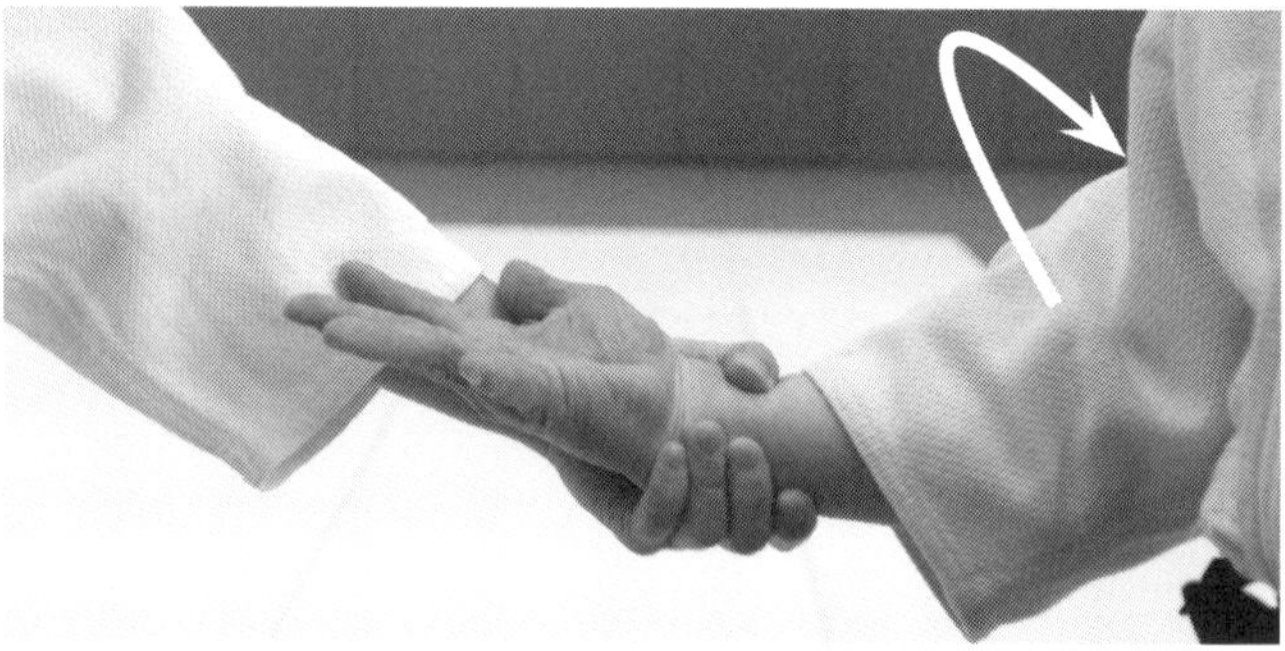

肘を回転させる

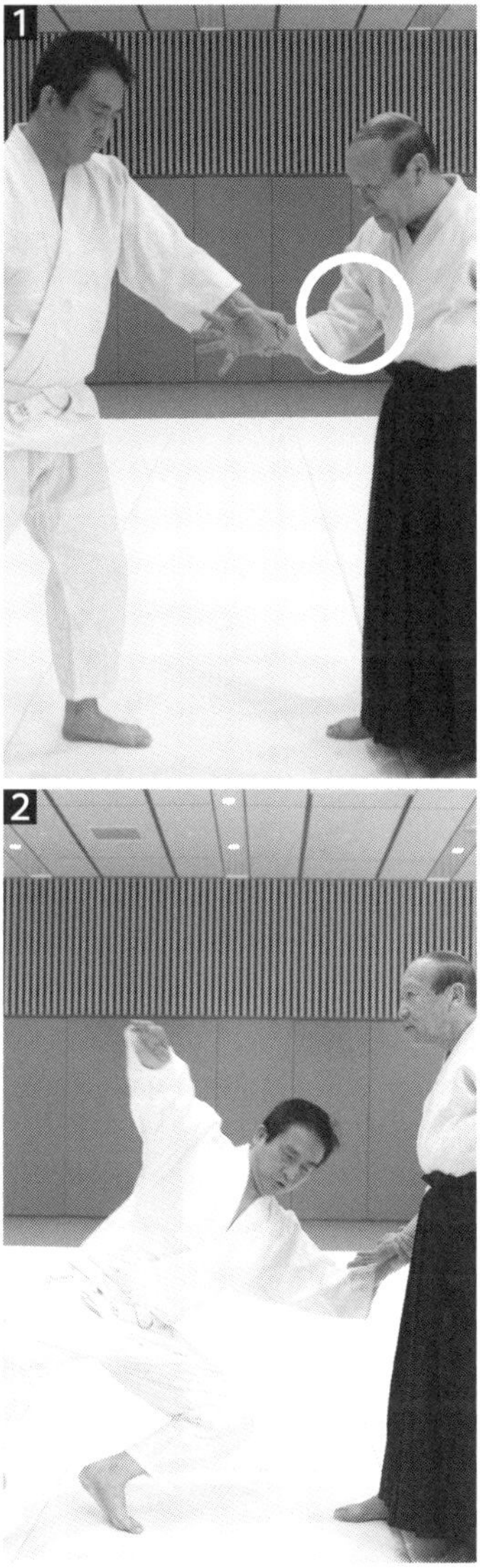

掴まれた手首はむしろ放っておくようなつもりで、肘を動かすようにすると簡単に相手を崩す事ができる。

手首を回転させる

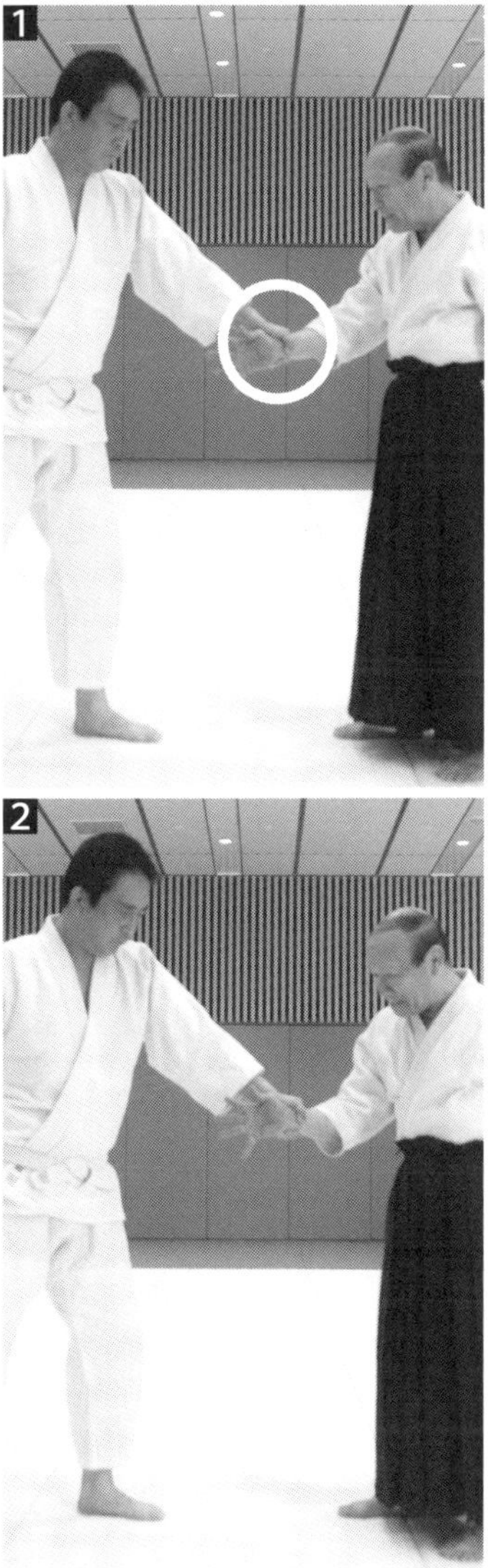

掴まれた手首に意識が行ってしまうと、どうしてもぶつかり合いになる。掴んできた相手を崩すのは、実は容易でない。

◎体の〝どこを使うか〟という問題

見かけ上は同じ「手の平を返そうとする動き」なのに、なぜこれほど違う結果になるのだろうか？　それは、これらの力の質がまったく違うからだ。

相手に手首を掴まれた状態からそれを返そうとする動きにおいては、まず自分の手首を掴んでいる相手の手に意識がいくものだろうと思う。当然だ。その手を何とかしなければ返せないのだから。しかし、それに抗おうという意識で行う「手の平を返す動き」こそがまさに〝力ずく〟で何とかしようという動きなのだ。

結果として、前腕の筋肉だけを使って手の平を返そうとする。……前ページ右列写真の動きはそういうメカニズムになっている。もちろん人体構造的に、前腕筋さえ使えば手の平を返すことができる。だから動きとしては間違っていない。しかし、相手が掴んで押さえ込んでくる力に対して、前腕筋だけの回転力でぶつかっていっても、普通は勝てるものではない。

そう、局所でぶつかる方法論では駄目なのだ。

一方、肘を回そうとする動きによって働くのは上腕筋および周辺の、より体幹に近い筋肉群になる。

一般に人間の体というものは、末端ほど小さな筋肉で細かい作業を得意とし、体幹に近いほど

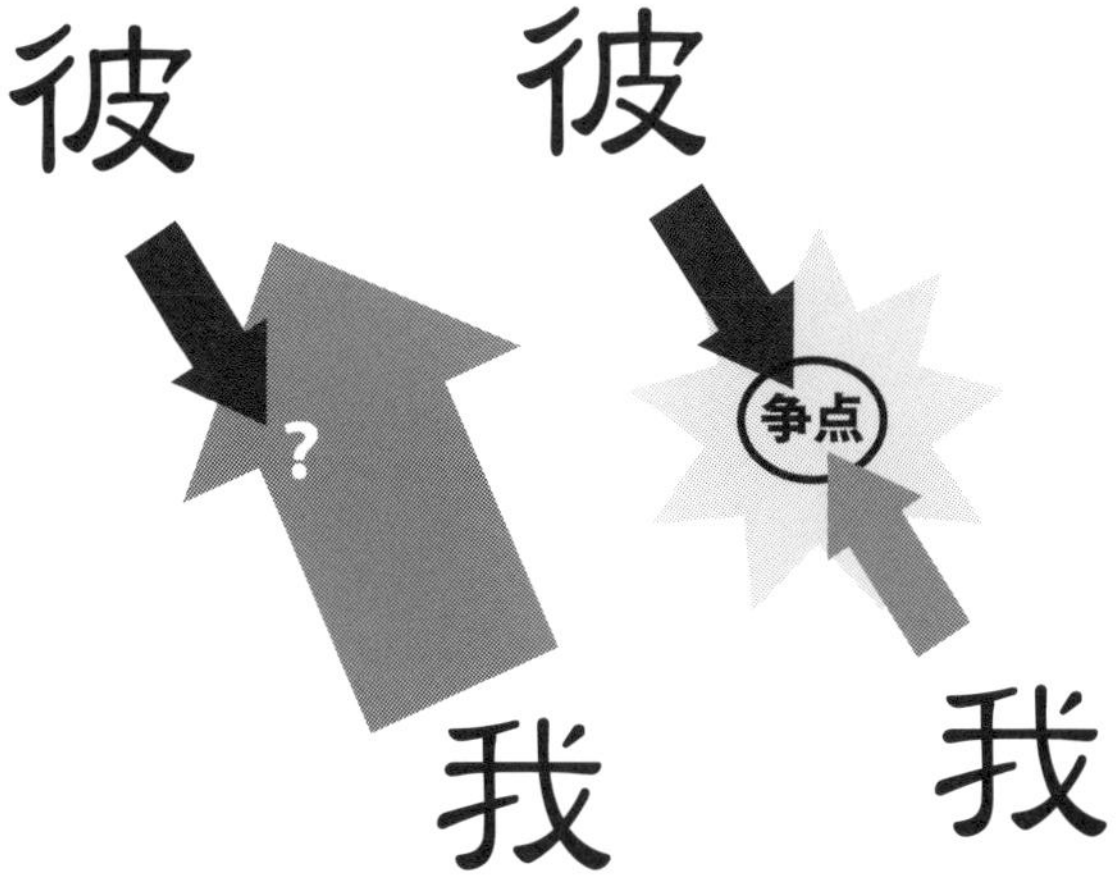

大きな筋肉で強い力を出すようにできている。つまり、前腕筋を使う操作よりも肘を回す、上腕を中心とした操作の方が、大きな力が発生しているのだ。
そして、これだけではない。力の大きさだけの問題であれば、それは「相手が自分より筋力が強かったらかなわなくなる」という〝力ずく〟の操作と同次元だ。
ここでは相手の力と〝ぶつかり合わない〟ということが重要になってくる。
相手がこちらの手首を掴んできている時点で、争点は手首になっている。当然相手はそのつもりで掴んでいる。こちらの手首を固定しようとするのも、握力を使って締め付けて回転させないよう、かつ外させないようにするのも、前腕筋を使っている。別な言い方をすれば、それ以外の筋肉稼働は必要ない。

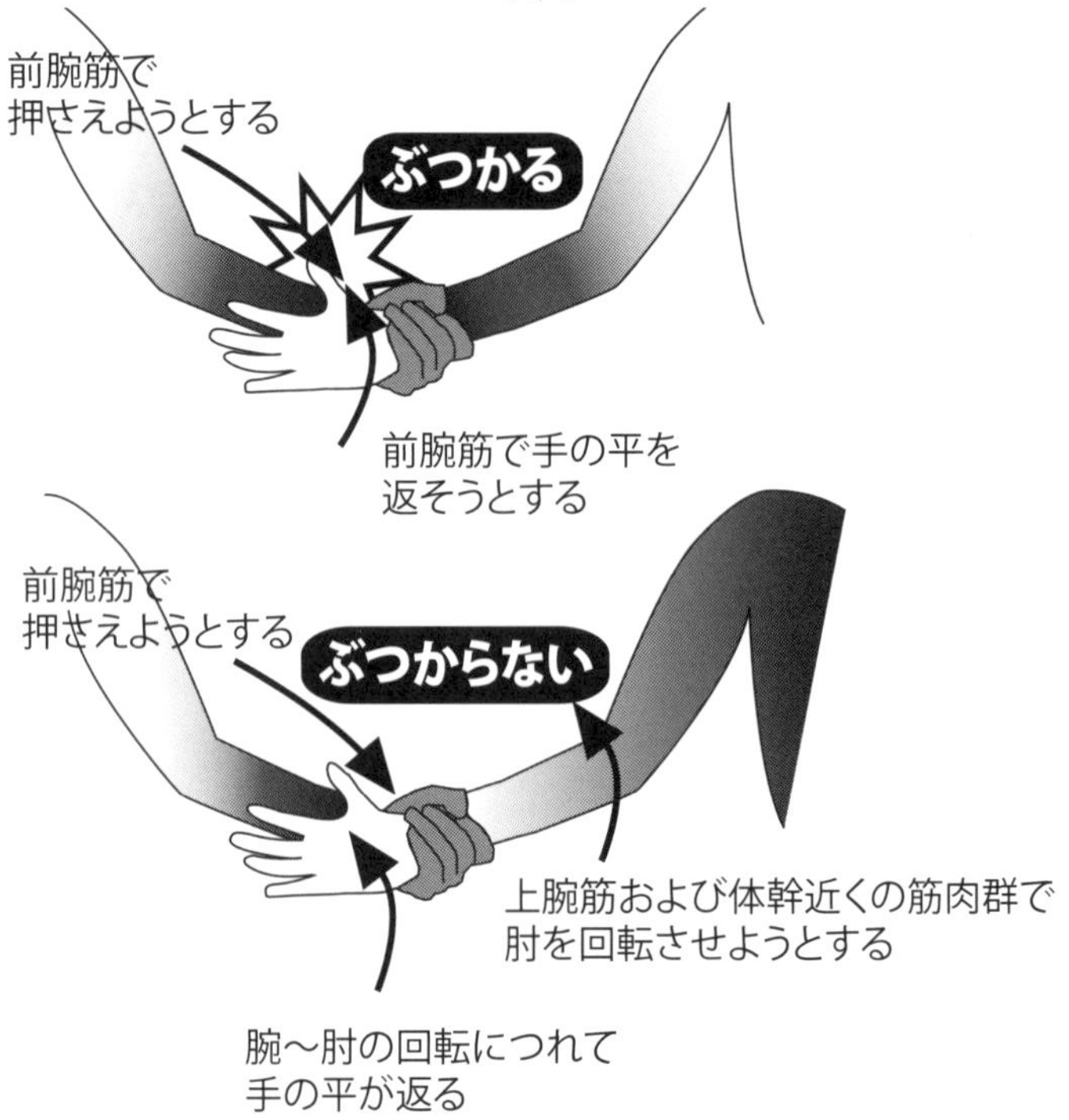

それに対して前腕筋で手の平を返そうとすれば、必然、そこでのぶつかり合いになる。
しかし、肘を回す操作では、争点より体近くから回転力を発生させている。結果として、ここにぶつかり合いは生じない。「手首を押さえつけてくる」のに対し「手首を返そう」とするのはぶつかるが、「手首を押さえつけてくる」のに対し「肘を回そうとする」のは次元違いであり、ぶつからないのだ。

《進化形》肘回し突き

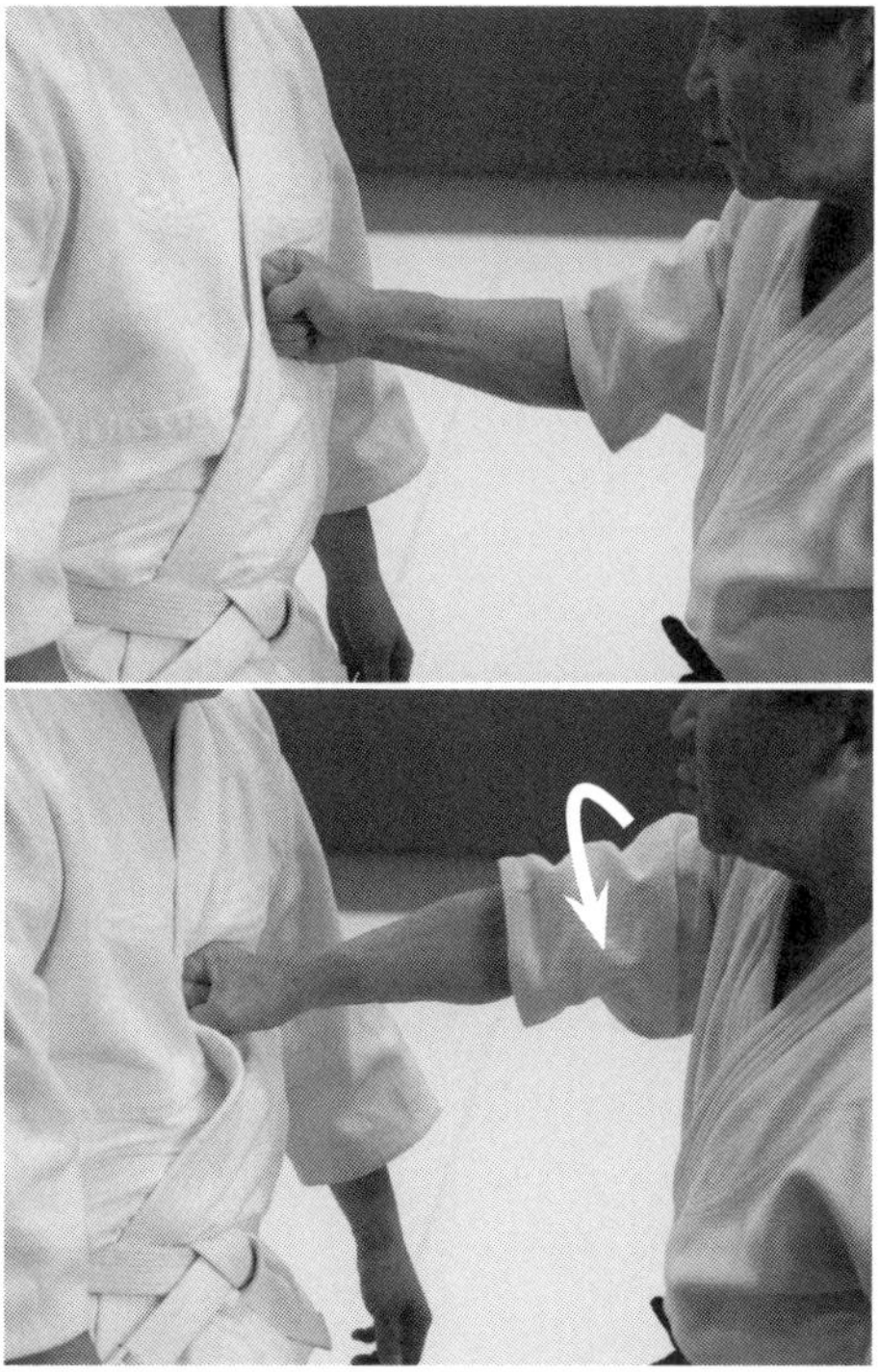

受けの腹に縦拳を当てて押しても、体が動かない状態か確認する。
次に、受けの腹の皮膚だけ、拳で回してから突く。拳を回すのは手首でなく、肘。
〈ポイント〉手首をこねらず、拳から肘まで一つのかたまりと思うこと。

この要領で突き込むと、さほど勢いのある突きでないのだが、腰から崩されるような感じになる。
受け側の、体表面を〝争点〟とする意識と実際とが違っているためだ。

幽霊の手

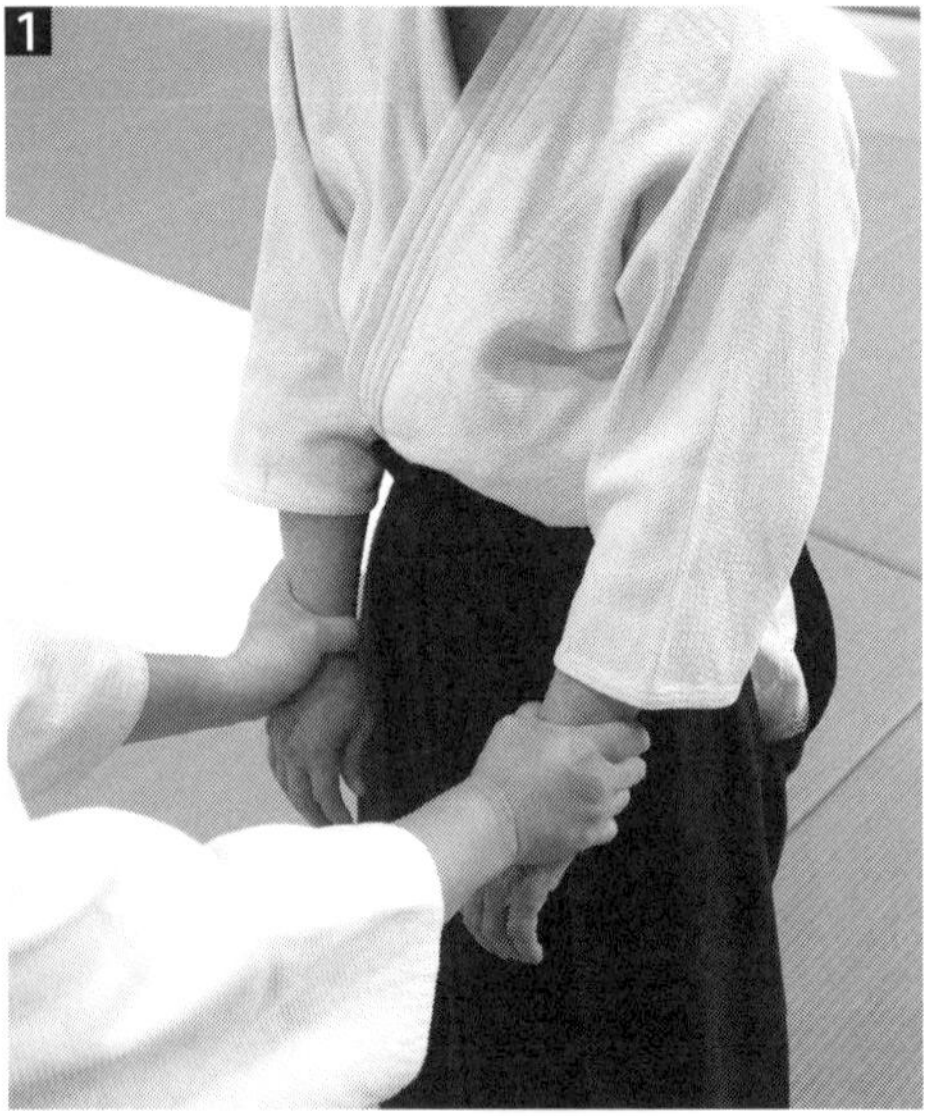

手を下げて立ち、相手が両方の手首を前から掴んで押さえ込んでくる。手が上がらないのを確認。

次に両手はそのままで、肘から上げ始め、それによって腕が上がるようになる。
〈**ポイント**〉「うらめしや」と言いながら上げる。

肘から上げる

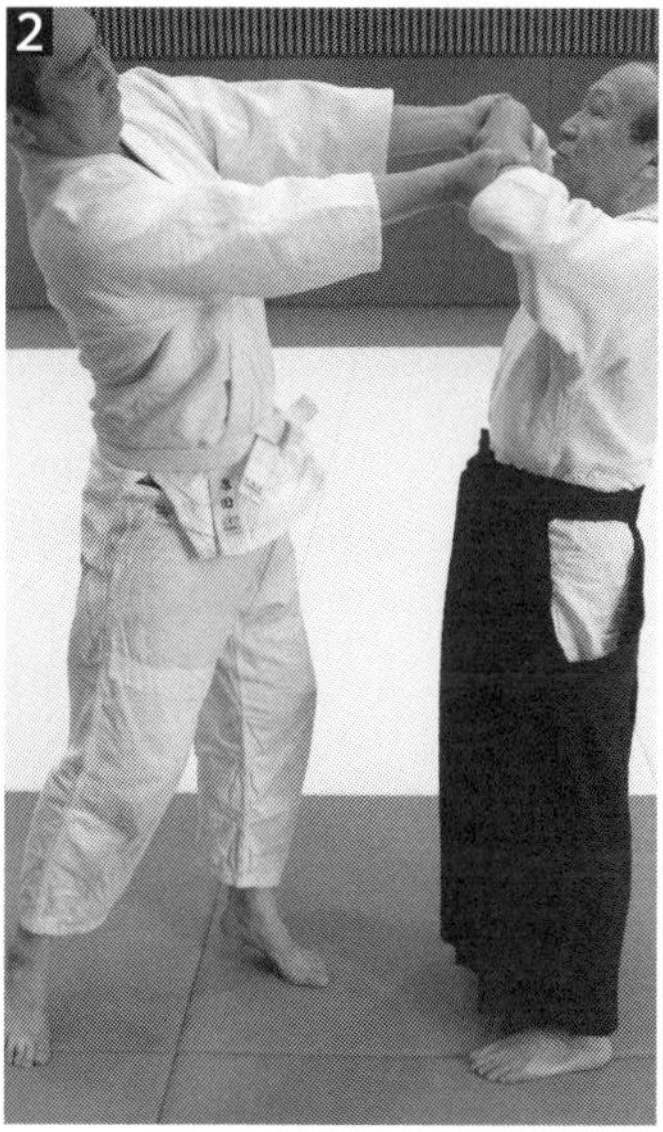

掴まれた手首はそのままで、肘から動かすと簡単に上がる。いわゆる「合気上げ」の類似形だが、「合気上げ」そのものの形でも応用可能。

手首から上げる

掴まれた手首を意識してそこから持ち上げようとしてもなかなか上がらない。

引いてもダメなら伸ばしてみろ

右横に立った相手に、左手で右手を掴まれた状態。相手を引っ張ろうとしても簡単に動かないのを確認する。

1

次に右手はそのままで、左手を伸ばしながら、横に移動して受けを動かす。
〈**ポイント**〉握られている右手を無視して、力を入れない。

2

手を引く

掴まれた手を引こうとするとどうしてもぶつかり合いになる。相手に踏ん張られたら、容易には動かせない。

手を伸ばして足を使う

掴まれた手はむしろ放っておくようなつもりで、逆の手を伸ばしながら足を使って体全体を移動させようとすると、相手を動かす事ができる。

◎"全然違うところ"の力

相手の力とぶつからない種類の力を生み出すことが、重要な方法論になる。このように言葉にすると、何か巧妙に生み出される力のような印象を受けるかもしれないが、しごく簡単なものもいくつもある。

例えば、次ページの図のような形を想像していただきたい。大東流や合気道などで、相手の正面打ちを受けた瞬間に似ているが、両者手刀で切り結んだ状態だ。これは別につかみ合って押し合うような形に置き換えていただいてもかまわない。

切り結んだ状態で押し込まれず、逆に押し崩すにはどうしたらいいか。

相手が手刀で打ち込んできている以上、それに対抗しなければ押し込まれてしまう、と実際ならばまず考えてしまう。よって、腕の力で頑張って押し返そうとしてしまうが、すでにおわかりの通り、それではぶつかり合いの力比べだ。

ここでは、腕では頑張らない。腕は現状を維持するくらいにして、足を使えばいい。これならばぶつかり合いの力比べにはならず、簡単に押し勝つ事ができる。これは腕の力対足の力という単純な図式ではない。そもそも力がぶつかり合っていないのだ。

足を使う

1

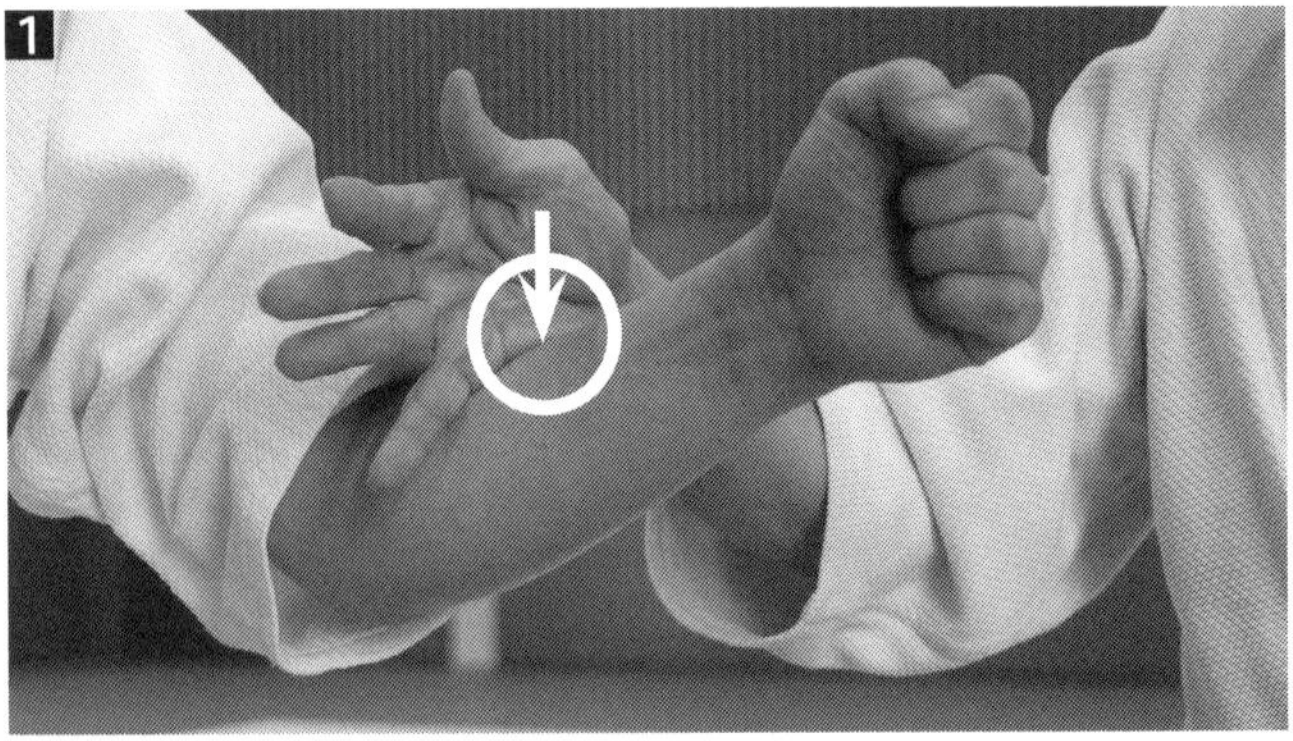

相手に腕をまっすぐに伸ばして出してもらう。それを手刀で下に押し、下がらない事を確認。

2

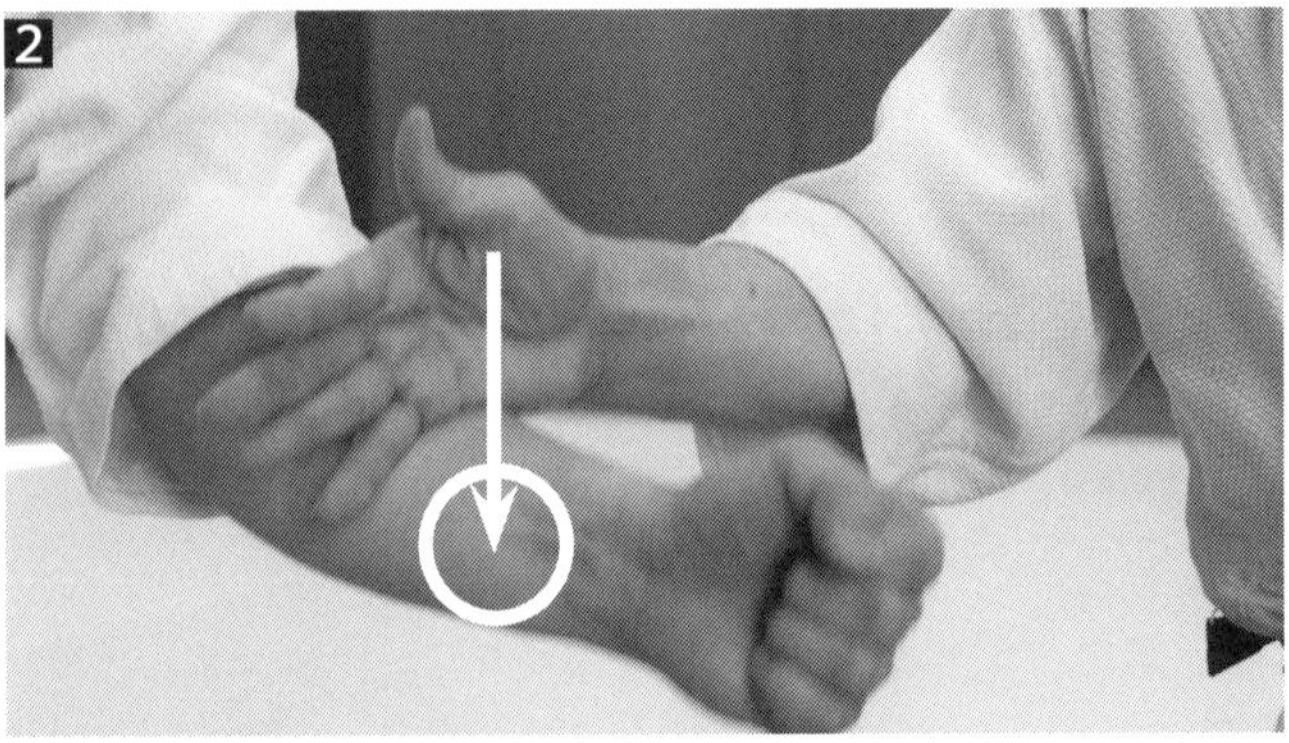

次に相手の腕の上部表面にある手刀の押す目標を、腕の下部表面に移して押すと、相手の腕ごと下ろすことができる。
〈ポイント〉腕を手刀で押そうと思わず、腕を通り越した下部を押すつもりでやる。

〝接触点〟を狙って下ろせなかった手刀が、腕の〝反対側〟を狙って切り下ろすと、あっけなく下ろす事ができる。見た目は全然違わないのに現象は全然違う。受ける側は、とくに通常より〝大きな力〟で下ろされたとも感じない不思議さがある。

《進化形》胸付壁押し

相手の胸を片手で力いっぱい押して、動かない事を確認する。

次に、意識を相手の胸から、相手背後のずっと後方の壁に移しのその壁を押すつもりで押すと、相手の体ごと動かす事ができる。

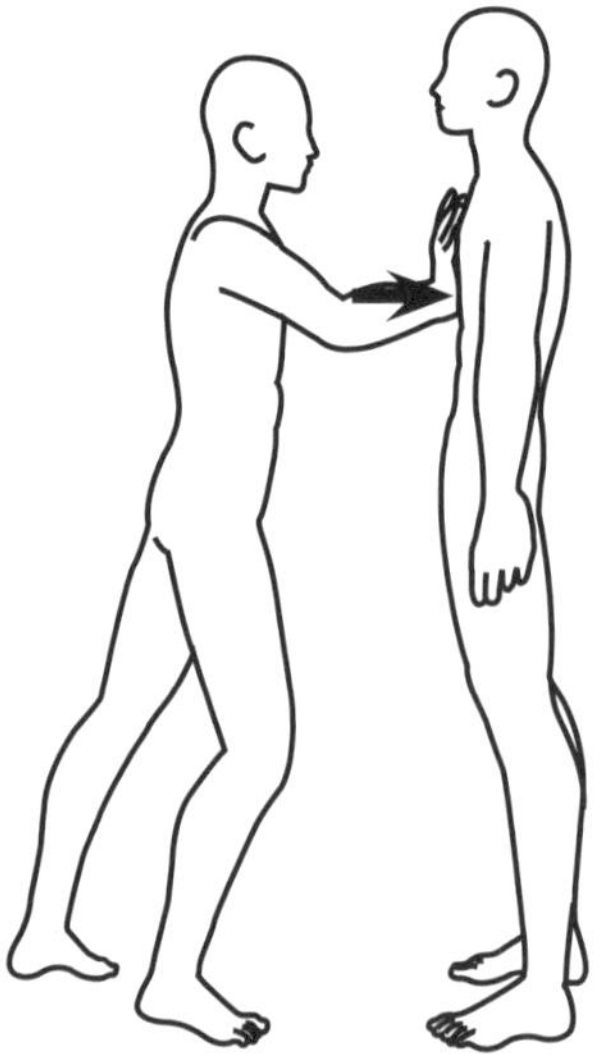

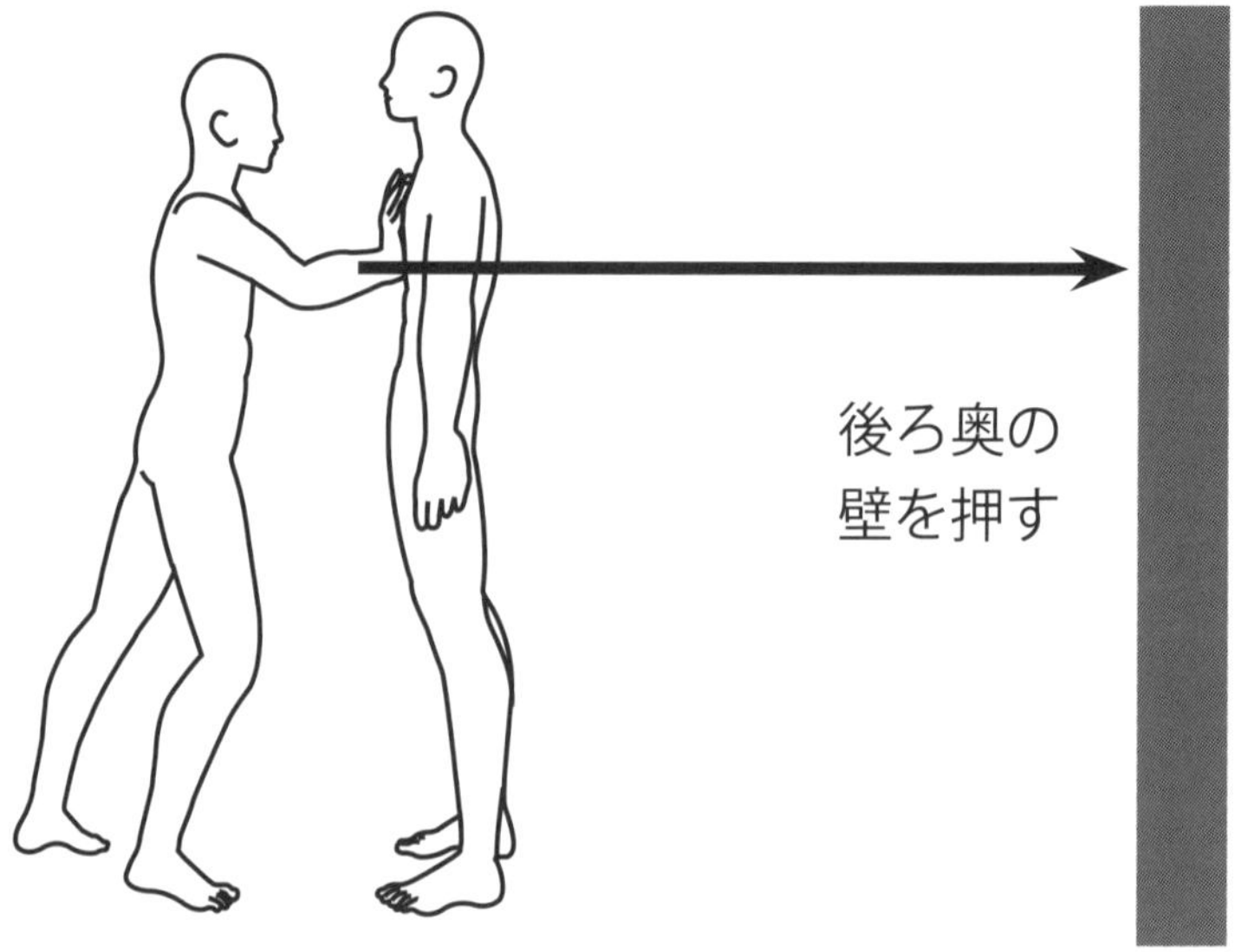

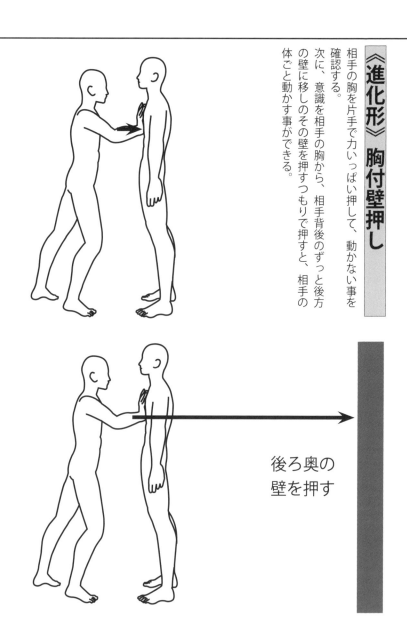

相手背後の壁を押す

意識を胸から、相手背後、ずっと後方の壁に置いて押すと、相手を崩す事ができる。

胸を押す

立って向かい合った相手の胸に意識を置いて手で押そうとしても、ぶつかり合いになってしまって動かせない。

《進化形》手の平乗せ手の甲押し

相手の腕の上に片手の手の平を乗せる。押し下げてみて容易に動かない事を確認する。

相手の手に触れている側でなく、手の甲側を意識して押し下げると、動かす事ができる。

手刀親指側切り

相手の腕を手刀で下に押し、下がらない事を確認する。

切り下ろす時に、小指側でなく親指側を意識して押すと相手の腕ごと下ろす事ができる。

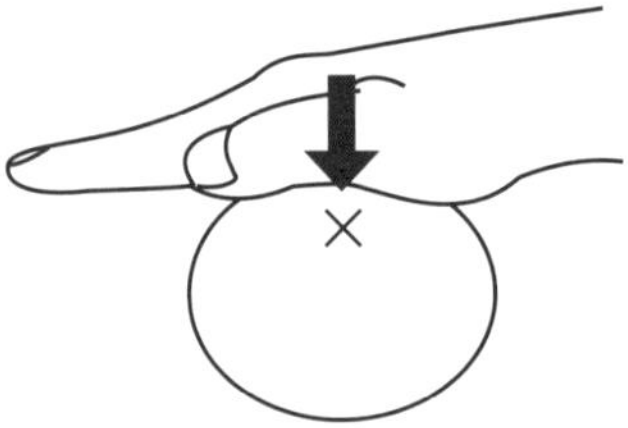

普通に押し下げる

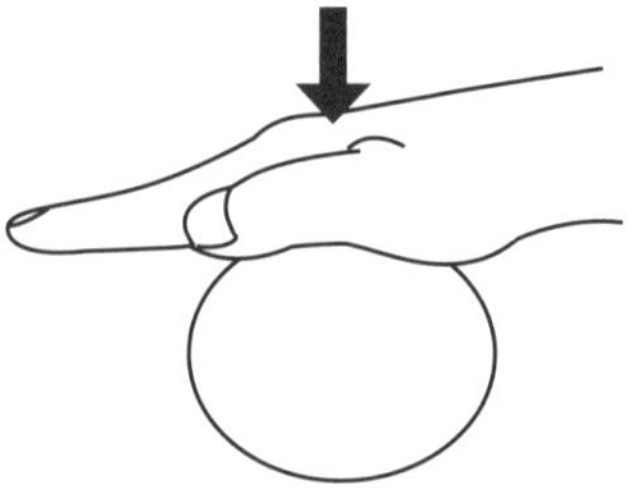

手の甲側を意識

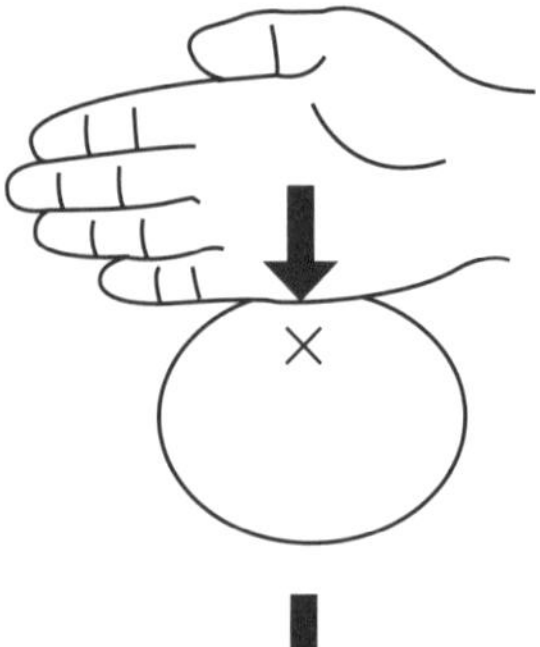

普通に押し下げる

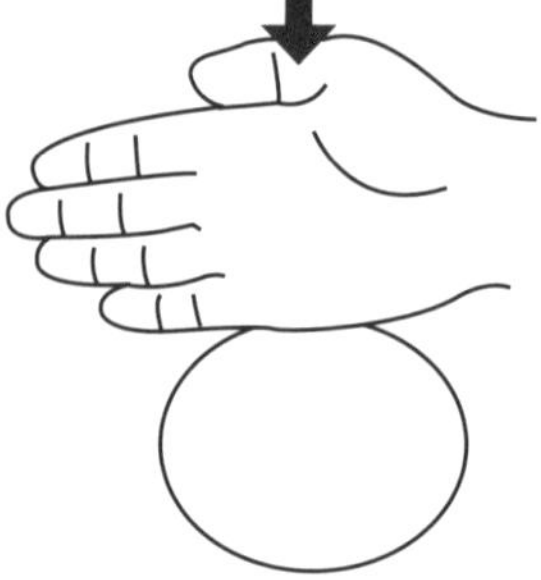

親指側を意識

手刀親指側切り

相手の腕を切り下ろすのに際し、小指側でなく親指側を意識すると、簡単に切り下ろす事ができる。

手の平乗せ手の甲押し

相手の腕に乗せた手の平を、相手に触れている側でなく手の甲側を意識して押し下げると、相手の腕を押し下げる事ができる。

◎〝浸透力〟の正体

相手との接触では、その接触点に意識がいくもの。それを、接触点の向こう側に狙いをつけると相手の抵抗がかなわなくなる、というのを「浸透系の力」と解釈したりする。物理的に、表面で止まらず浸透していく力というのも、本当に存在するのだが、この場合は、実は力の質の問題ではなく、相手の反応が違う事によっている。

一見、力の方向と〝接触点〟と〝腕を通り越した向こう側〟が一直線上にあるので、あたかも〝浸透〟のように映るのだが、つまりは、〝接触点〟に対して抵抗してくる相手の力と、こちらの力がぶつからないのだ。

完全にまっすぐに力を与えているようで、その実、完全な一直線上には並んでいない。よって、〝接触点〟に対して力を加えるのと、〝向こう側〟に力を加えるのとでは、こちらの身体の使い方、その結果生じる力の質、方向は微妙に違うのだ。これは、ほんの少し違っていても、働きとしてはズレと呼ぶに有意なズレが生じる。

例えば、腕を使って相手の腕を切り下ろす、という動きは直線にしようと思っても、どうしても円弧になっている。という事になると、〝接触点〟を狙うのと〝向こう側〟を狙うのとでは、円弧の曲率がわずかに違っているのだ。となると、これは力としては厳密な意味でぶつからない、という事になるのだ。

ストレート・パンチのような打撃も、表面を当てるのでなく、向こう側まで貫くように打て、という教えもある。この差によって、力の質が〝浸透系〟になったりはしないが、相手の〝抵抗〟との関係が変わってくる。つまり、相手の〝抵抗〟が有効に機能しなくなるので、こちらの打撃力が相手側に深く伝わってしまうのだ。

つまり、これも一種の〝ぶつからない力の実現〟なのだ。〝ぶつからない力の実現〟には、いろいろな形がある。

総じて、意識は局所においてはならない、という事が言える。つい〝接触点〟あるいは〝接触点になりそうな所〟に意識が行ってしまうものだが、そうすれば、表面的な力のぶつかり合いにならざるを得ない。

3…身体を動かす順序の妙

押さえ込みからの脱出

1

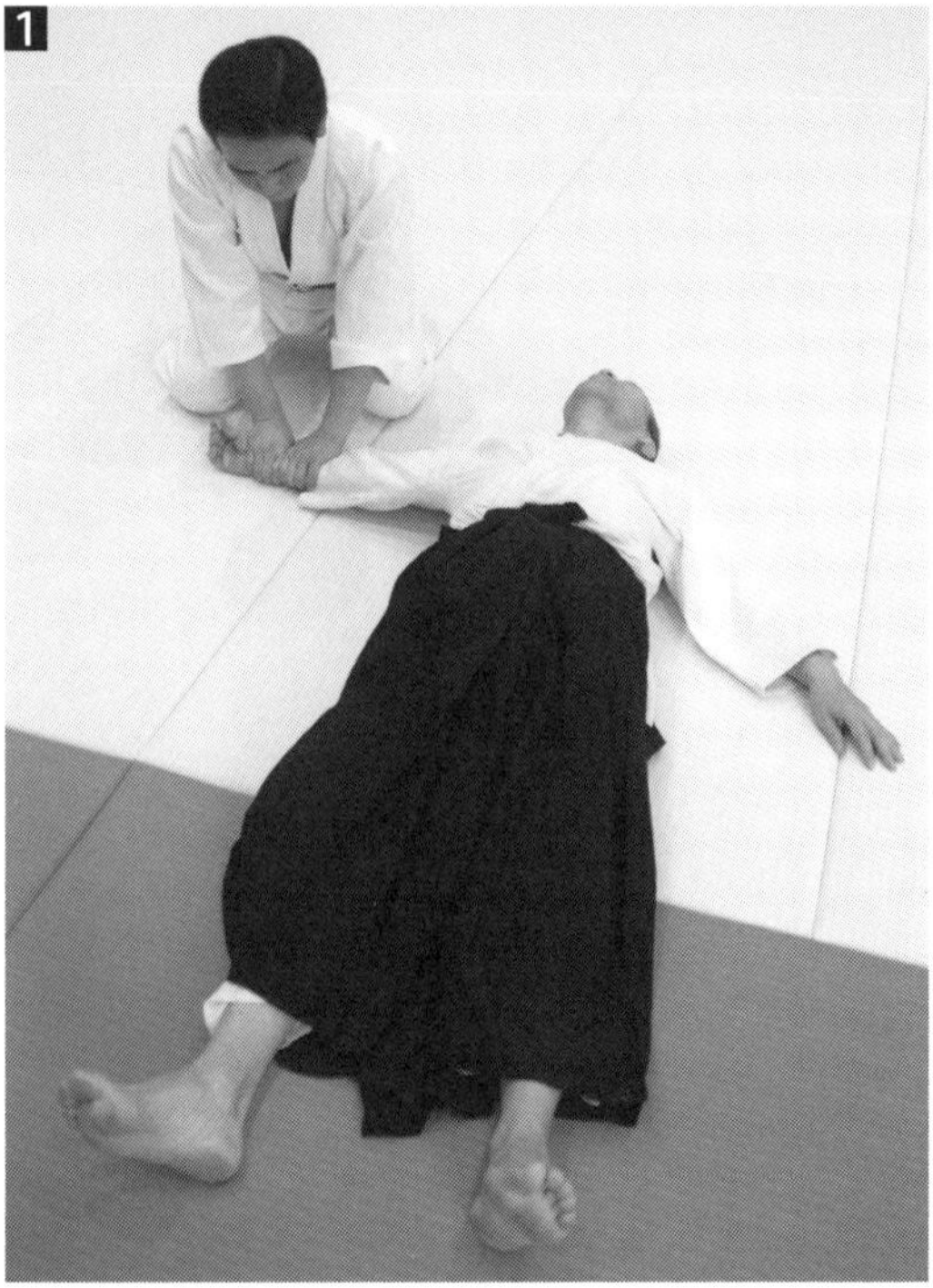

大の字に寝ているところの手首を、両手で押さえ込んでもらい、まったく腕が動かないかを確認する。

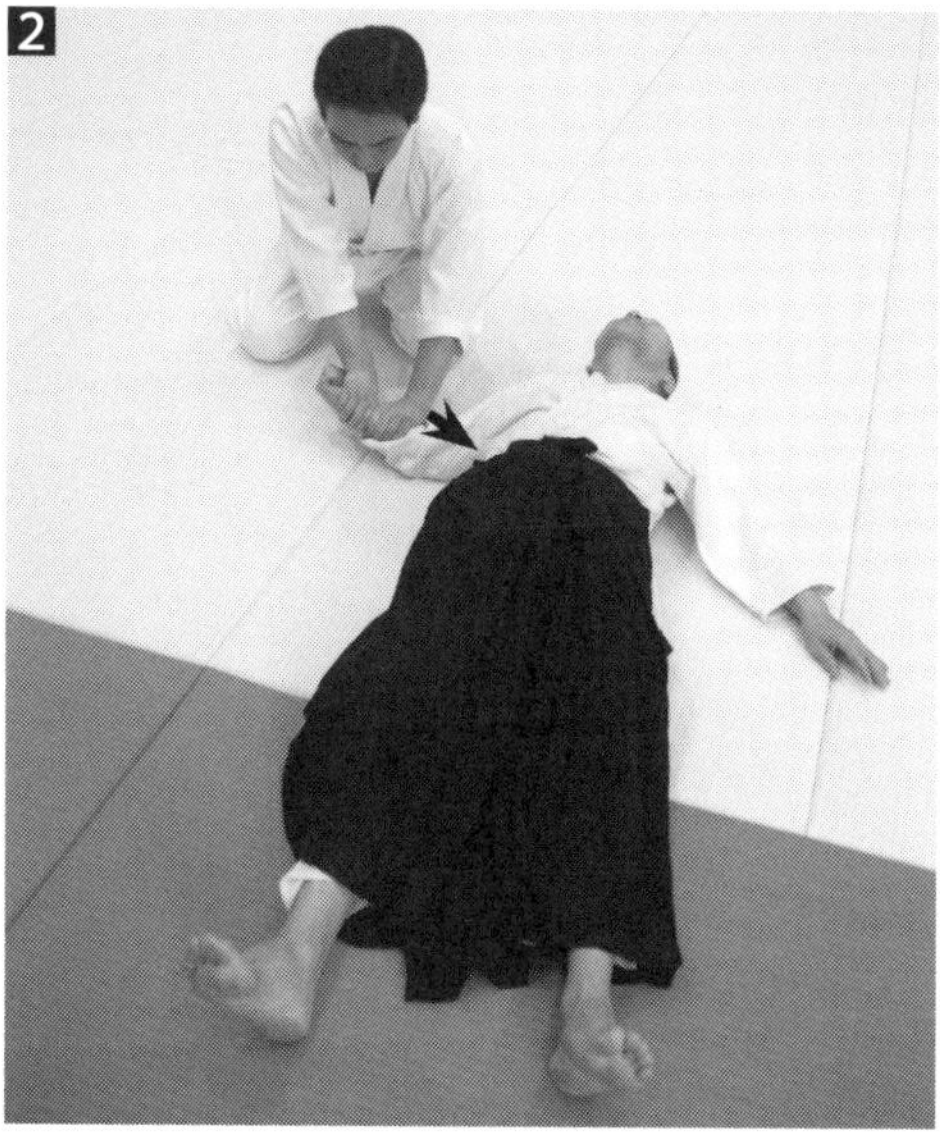
2

3

寝た状態で床に押さえ付けられた前腕部を動かそうとしても、なかなか動かせないが、抑え込まれている側の脇を締めて肘を寄せ、それから手首を体に近づけるようにすると動かすことができる。
〈ポイント〉体幹に近い所から動かす。途中で止めず、連続的に動かしていく。

◎〝だんだんと〟改善される状況

この例のように、腕を掴まれて動きを封じられている状態では、この腕を動かすしか打開策はなさそうだ。となると、この掴まれている部分を力一杯動かすしかなさそうに思える。

しかし、実際は、この〝掴まれている部分〟というのが、一番動かしにくい部分なのだ。当然ではあるが。

一番動かしにくい部分から動かそうというのが、自分の身体も局所的にしか稼働しない、非常に効率の悪い働かせ方になっている。

腕を掴まれて押さえつけられていても、比較的動く部分はある。それは、掴まれている部分から離れている部位ならば比較的動く。

先の例のように、末端よりも体幹近くの方を使った方が、大きな力が出る。何もなければ、人間は大きな力を出そうと思ったら、そういう身体の使い方に、自然になるのだ。しかし、「腕を掴まれて押さえつけられている」という状況があるだけで、〝逆〟に動かそうとしてしまうのだ。

〝掴まれている腕〟でなく、まず肘を動かそうとすると、少し、動かす事ができる。そして、少し動かせると、相対的に掴んでいる相手の体勢がほんのわずか崩れる。ほんのわずかなのだが、この〝肘を少し動かす〟という事だけで、確実に状況は改善される。次にはより肘を動かす事ができる。さらに状況は改善されて、やがて、〝掴まれている腕〟も動かす事ができるような体勢になる。

このように、〝身体を動かす順序〟は非常に重要な問題なのだ。その時その時で別々な答がある訳ではない。本来の身体の使い方ができればいいだけなのだ。それが、〝掴まれる〟などの異常事態に直面すると、人間は高い確率でその〝本来の身体の使い方〟を見失ってしまう。

これは、「重いものを持ち上げなければならない」程度の事でも十分に起こる。まず、その重いものに十分近づいて、体幹から使うようにすれば、それほど苦労はしないはずなのに、手を伸ばして、その手だけで持ち上げようとしてしまう、という事は非常によく起こっている。人というものは、ちょっと何かがあるだけで、気持ちがそこに向かってしまうものなのだ。また、ものぐさでもある。ちょっとの手間を省略して、手だけ伸ばして手だけで持ち上げようとしてしまう。ましてや自分に危害を及ぼそうとしている相手ならば、そこに意識が行ってしまって、〝本来の身体の使い方〟を失ってしまうのはほぼ必然と言えるだろう。

〝脇を締める〟という操作も重要だ。空手の突きだったり、野球のバッティングであったり、ボートのオール操作であったりと、いろんなジャンルで言われる万能の身体操法極意だが、それは体幹を、少なくともできる限り体幹近くの部位から使っていくために他ならない。

体幹から動かしていく、という操作は、同時に、体幹および体幹近辺の身体を使いやすい状態を作っていく、という事にもなっている。

例えば、車や自転車のギアを、動きは小さいが強いローギアから、弱いが動きの大きいハイギアに移行させていく感じ。ほんの小さな穴に錐《きり》のようなものの先っぽを差し込んで、徐々に穴を大きくしていくような感じ、と言ったらイメージが湧くのではないだろうか。

慌てて大きく動かそうとする必要はない。最初は小さな、けれども確実な動きを誕生させれば、徐々に大きくしていける、そう思っていると、大概の状況は打開できるものなのだ。

《進化形》腕下ろし

立った状態で右腕を前に出して、手首を掴ませ、下に下ろそうとしても下がらないのを確認する。
次に脇を締め、肘をたたみ、手首には力を入れずに、手に働く重力だけで落ちて、太ももに当たるようにすると、下ろすことができる。
〈ポイント〉なれてきたら、ポポポポーンと一気に脇、肘、手首を下げる。

4…見えない反応を利用する

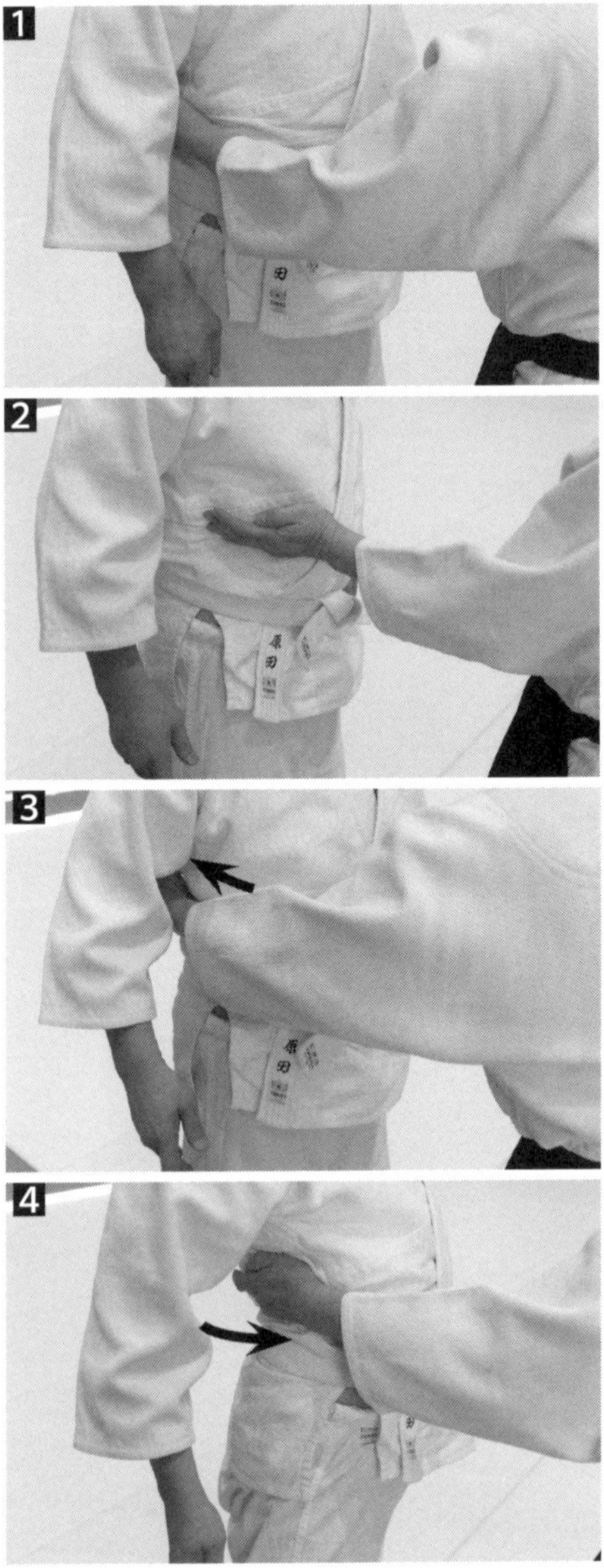

腹横切り

立っている相手の脇腹に手刀を当てて引き、体が曲がる程度で体勢は崩れないことを確認する。

次に、手刀を引く前にいったん押してから引くと、相手は体ごと大きく崩れる。

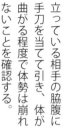

相手の脇腹をただ手刀で引き切っても、何の現象も起こらない、
いったん逆に押してから引き切ると、相手は無意識下の抵抗反応から揺さぶられて、体を持っていかれてしまう。

《進化形》振り上げ正面切り

手刀の指先を下に向け、立っている相手の視界に入っていない胸元から上げていき、視界に入る首元で手刀の指先を上に向け、そのまま上げて、眉間まで行ったら一気に切り下ろす。この操作で、相手に直接的には大きな力を加えていないにもかかわらず、腰から崩れ落ちる。

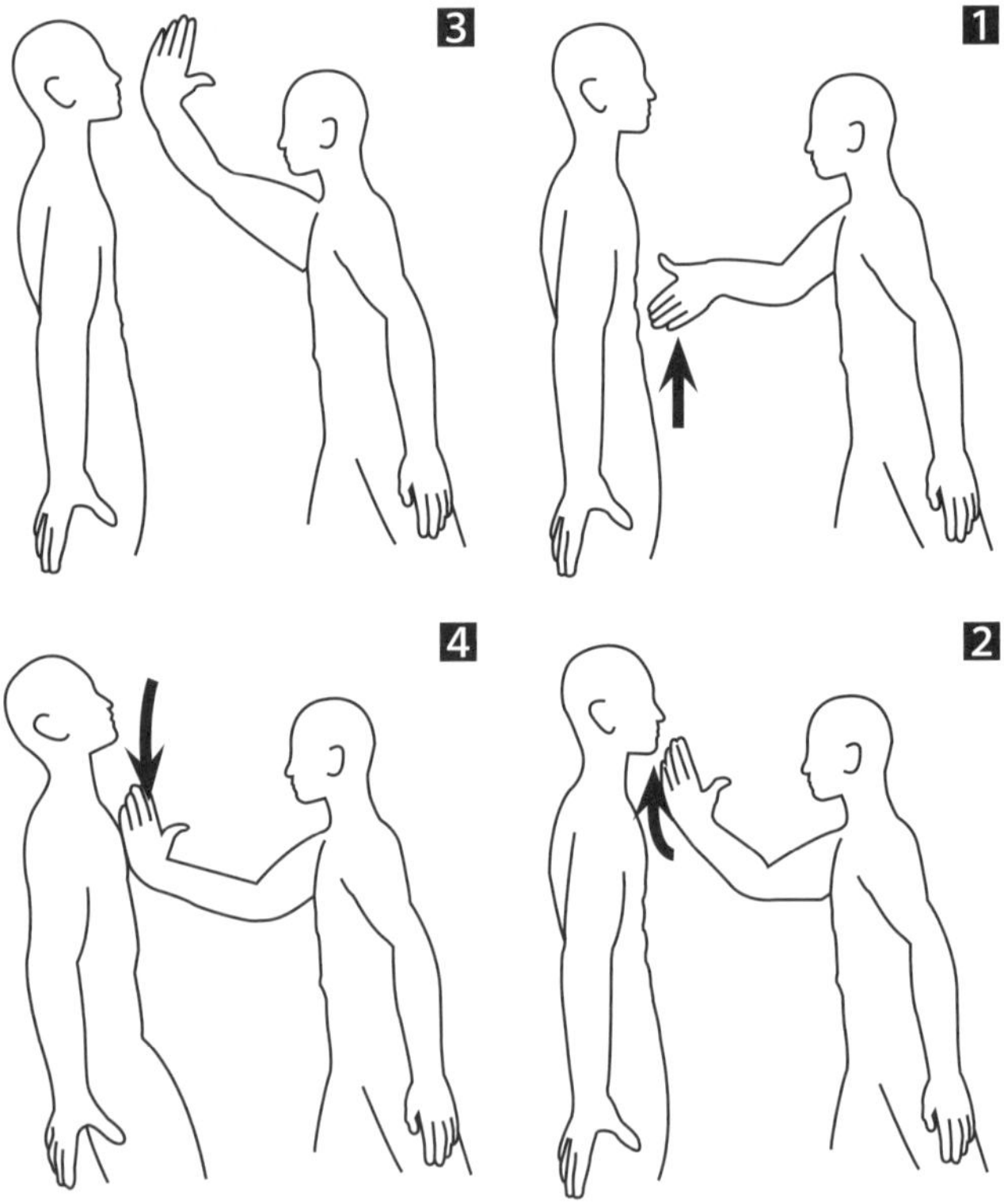

1

2

3

《進化形》ハート切り

立っている相手の胸に、下向きにした両手甲側の小指（爪）で触れ、下から上に撫で上げる。上で手を返して、ハート型に両手で切り下ろしながら、一歩前に進むと、相手はしゃがみこむように崩れる。

〈ポイント〉逆方向の〝上〟へ撫でて重心を上げてから、下へ切り下ろす。さらに一歩前の体重移動による圧を加える。

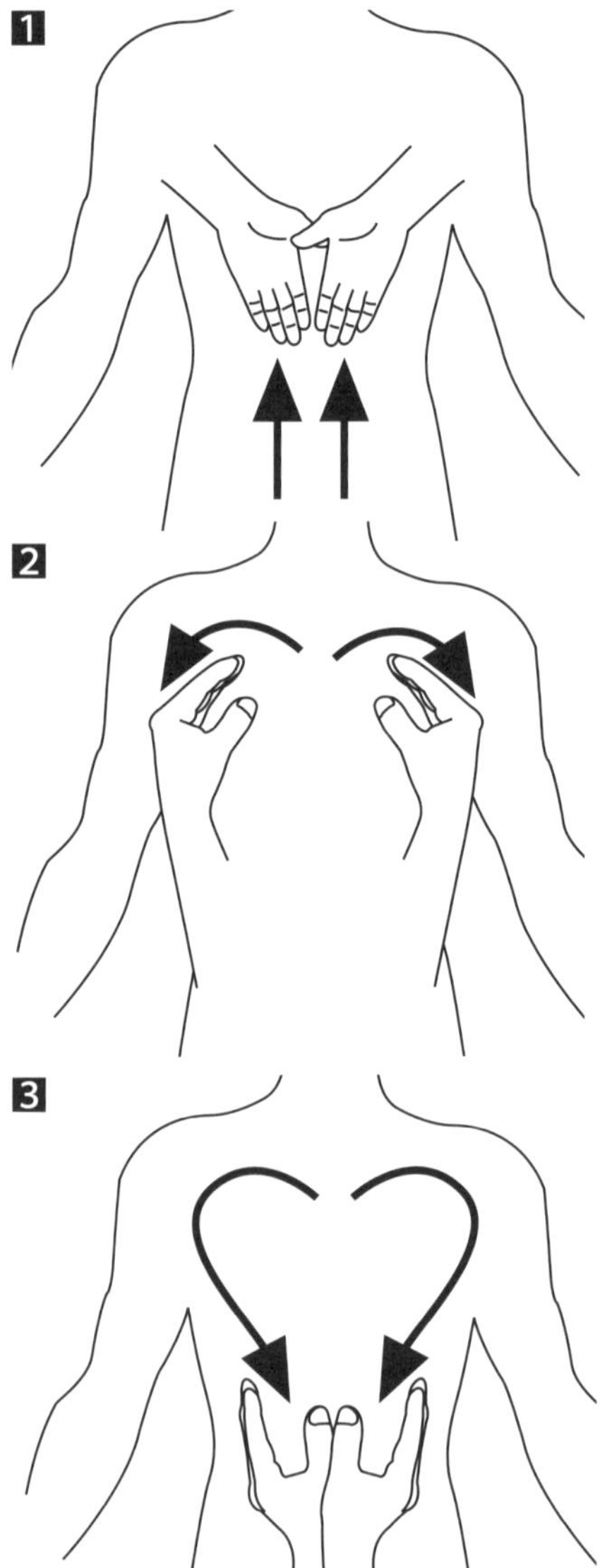

立っている相手の胸を〝ハート型〟に切り下ろすと、撫でる程度の力であるにも関わらず、腰から崩れ落ちてしまう。無意識下の相手の〝反応〟は撫でる程度だからこそ強く出てくる。

◎相手無意識下の身体を揺さぶる

人間は、無意識にしてしまう反応を利用されるほど、抗いがたいものはない。無意識、つまり、自分ではしているとは思っていない反応なのだから当然だ。

前ページの例は、相手の皮膚に撫でる程度の刺激を与えている。撫でる程度なのだから、体動に影響が出るほどとも意識されていないし、抵抗反応も出ない。なのだが、実はその意識下で、皮膚がその刺激に沿う方向に反応してしまうのだ。つまり、体が動かされるようには力を加えられていないからこそ、身体は勝手に持って行かれてしまうのだ。

その反応の中で、急に逆方向に振られると、瞬間的に、予期していない〝揺さぶり〟が発生して、身体が崩れてしまう。

手を持って右に引いて、急に左に引き返す、というような事をやっても、初期動作から相手は認知しているので、急に逆方向へ振ろうが十分対応できるのだ。無自覚なほどに微かだからこそ、対応できない、つまり崩しにつなげることができる。

なお、これに加えて、人体には皮膚に刺激を与える事によって、筋肉が特有の反応を起こす「皮膚反射」というしくみがある。この反応は部位によって異なり、まだ解明されていないものも少なくなく、これらが関与している可能性も高い。

皮膚の感覚システムは複雑で、単純に言っても触覚、圧覚、痛覚、温覚、冷覚の5種がそれぞれ別個の受容器によって処理されている。また、圧覚の受容器には強い圧力を感知するものと弱い圧力を感知するものとの2種類がある。掴んだり、押したり、叩いたりといった強い刺激に紛れての軽く皮膚に触れるような刺激には、〝誤作動〟とまでは言わないが、認識できないレベルでの身体の反応が、いくらでも起こり得るのだ。

5…イメージだけで変わる身体

スポンジ払い

相手に正面から遅めに正拳突きをしてきてもらう。それを内から外へ払うが、当たるだけで相手の腕は動かない事を確認する。

自分の腕の周りにスポンジ状のウレタンが巻いてあるとイメージし、跳ね返すのでなく、ブニュッとウレタンに相手の腕がめりこむ感じに払う。腕にめりこませたまま、そのまま動かしていくようなつもりで払うと、相手の突き手を大きく逸らすことができる。

1
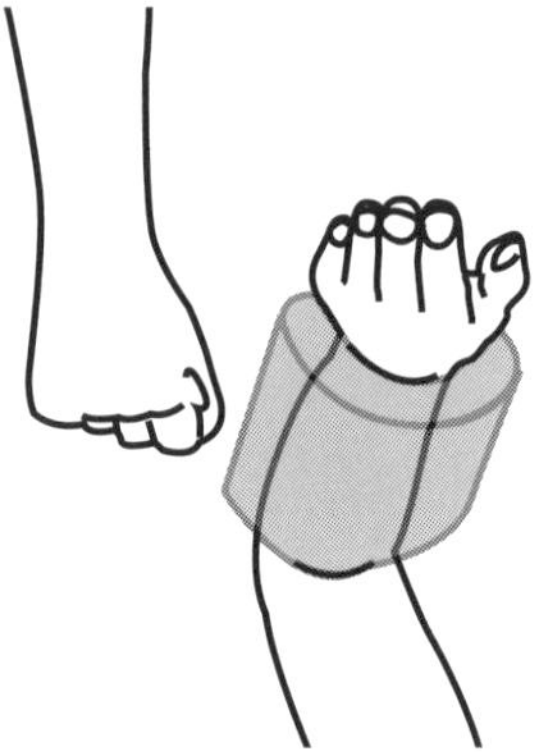

2
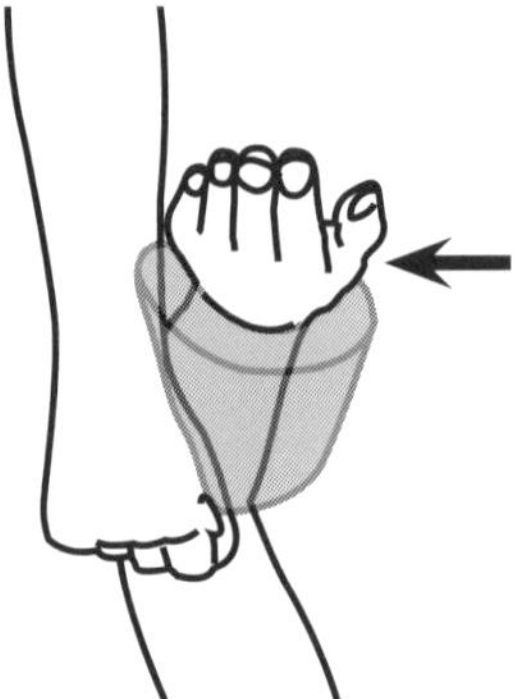

自分の腕の周りにスポンジ状のウレタンが巻いてあるイメージで当てると、緩衝、保持、移動とさまざまな働きに自分自身の身体各部が動員されるようになり、突き手を払い動かし、崩す事ができる。

長腕上げ

正座をして右腕を前に出す。立っている相手に右手首を押さえてもらい、右腕が上がらないのを確認する。

右腕がずっと長くあり、右手首はその中間にあるとイメージすると、軽く上げる事ができる。
〈**ポイント**〉握られているのは〝点〟でなく〝線の途中〟であるという変換が大切。

自分の腕が長くあるものとイメージして、手首はその〝中間点〟にすぎないという認識を持って動かすと、難なく上げる事ができる。

マリオネット

正座して膝の上に手を置く。相手に正面から、膝を着き両肘を伸ばした状態で両手首を押さえ付け、体重をかけてもらう。腕力で上げようとしても上がらないのを確認する。

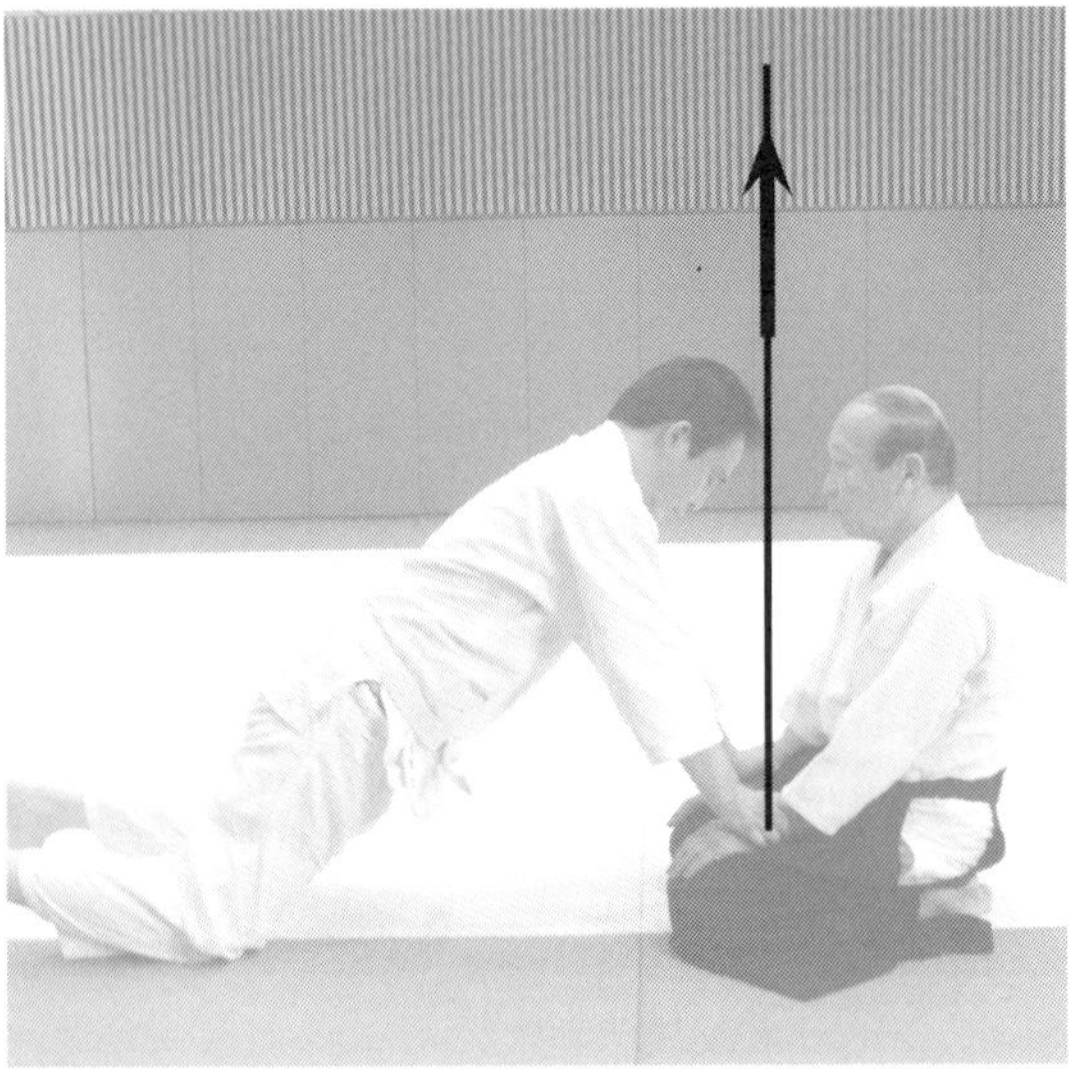

腕力で上げようとするのでなく、自分の手が上から糸で吊り下げられていて、引き上げられるとイメージすると上がる。
〈**ポイント**〉上げるのでなく、上げられているとイメージする。

手首を〝上げよう〟とするのでなく、自分の手首は上から糸で吊り下げられていて〝引き上げられる〟とイメージすると、力のぶつかり合い状態が解消され、上げる事ができる。

◎イメージは身体の遣い方を無意識下に変える

実際にやってみるまでは、「そんな、イメージだけで身体が変わるはずがない」とほとんどの方が思っていたのではないかと思う。確かに、ウレタンとイメージするだけで自分の腕が本当にウレタン状になったらＳＦだ。

変わるのは実は身体自体でなく身体の〝遣い方〟の方だ。

自分の腕が硬い棒のようなものと思っていれば、ガチンと表面の〝点〟でぶつけるような身体の遣い方になる。しかし〝ウレタン〟ならば、ブニュッとタイムラグを持たせて受け止めるような遣い方になる。必然、受け止めるために、身体のいろいろな部位が柔らかく動員されるようになる。

「長腕上げ」なら、自分の腕が長いものとイメージすれば、おのずと背中の筋肉も動員されてくる。「マリオネット」ならば、自分の力で上げなければならない、ではなく釣り上げられるとイメージする事によって、掴まれている手首〜前腕の力みがなくなる。そこの力みが消えれば、必然、体幹付近の筋肉群が動員されてくるのだ。

こんな風に、イメージ次第で自分自身の身体の遣い方は大きく変わってくる。これが無意識下だけに大きいのだ。このイメージによる変貌がなければ、おそらくなかなかブレイクスルーの機会は訪れないことだろう。

イメージは上手に使ってほしい。イメージだけでこんなに身体が効率化されるという事は、同時に、ちょっとした心的変化で身体を非効率化させる危険を常にはらんでいる、という事でもあるのだ。そして、身体というものは、通常の意識上でコントロールしきれているものではないのだ。

6…イメージだけで変わる関係性

大黒様の袋

右手首を相手に両手で掴んでもらう。それを引っ張っても相手の腕が伸びるだけで体が動かないのを確認する。

相手の体全体を袋で包む、とイメージしてその袋を引き込むつもりで腕を引くと、相手を体ごとこちらに引き込める。

〈ポイント〉 イメージを作る事ができると簡単。

まず、指先を回して相手の体全体を包んでから行い、次に目を動かして全体を包んでから行い、最後にイメージだけで、という手順で行うとできやすい。

相手が手を繋いで連なっているのを、手前の人でなく一番遠くの人を引く感じ。

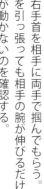

1

2

相手全体が袋で包み込まれており、それ全体を動かすつもりで崩しをかけると、相手を体ごと動かす事ができる。

◎相手をも巻き込むイメージの力

さて、前項の「イメージで自分の身体を変える」までは納得もできたかもしれないが、本項のように相手の身体まで変えてしまうとなると、「念力か？」という事になって、いささか眉唾に感じられてくるかもしれない。しかし、これは現実なのだ。

とくにこの例のように、相手に自分が〝しっかり掴まれている〟ような強い接触状態であると起こりやすい。

普通に引くなら、〝とにかく手を引く〟操作になって、相手としては〝とにかく手を引かれる〟だけだから、単に手を伸ばすなどの対応さえすればしのげる。

しかし、袋で全体を包み込んで、その包み全体を引くようなイメージだと、まず、引く側の身体の遣い方が変わる。手だけを引くのでなく、大きな全体を引こうとするのだから、手を力ませているどころでもなく、体幹に近いところが動員され、逆に手先の力は抜けてくる。

すると、引かれる相手としても手先をどうこう、腕をどうこう、という対応では済まない事を意識上にか無意識下にか、とにかく感じられてしまう。もし仮に、キングコングのような巨大な人間に、手の平に乗せられて持って行かれようとしていると感じたら、持って行かれる側としてはどう対応しようとするだろうか。

身を固めているしかないのだ。

身を固めてしまっている相手は、引く側からすれば、まさに一かたまりとして、引っ張り込みやすくなっている。かくして、片側のイメージ力によって、双方の変化が起こる事になったのだ。

大東流は相手の〝反応〟を利用する武術だ。それは明らさまな体動だけでなく、外観からは伺いがたい意念によっても起こせるという事を、ぜひ知っておいてほしい。

7… 点で面を崩す

竹串束押し

手首を相手に掴んでもらい、それを力で押し込もうとしても動かない事を確認する。

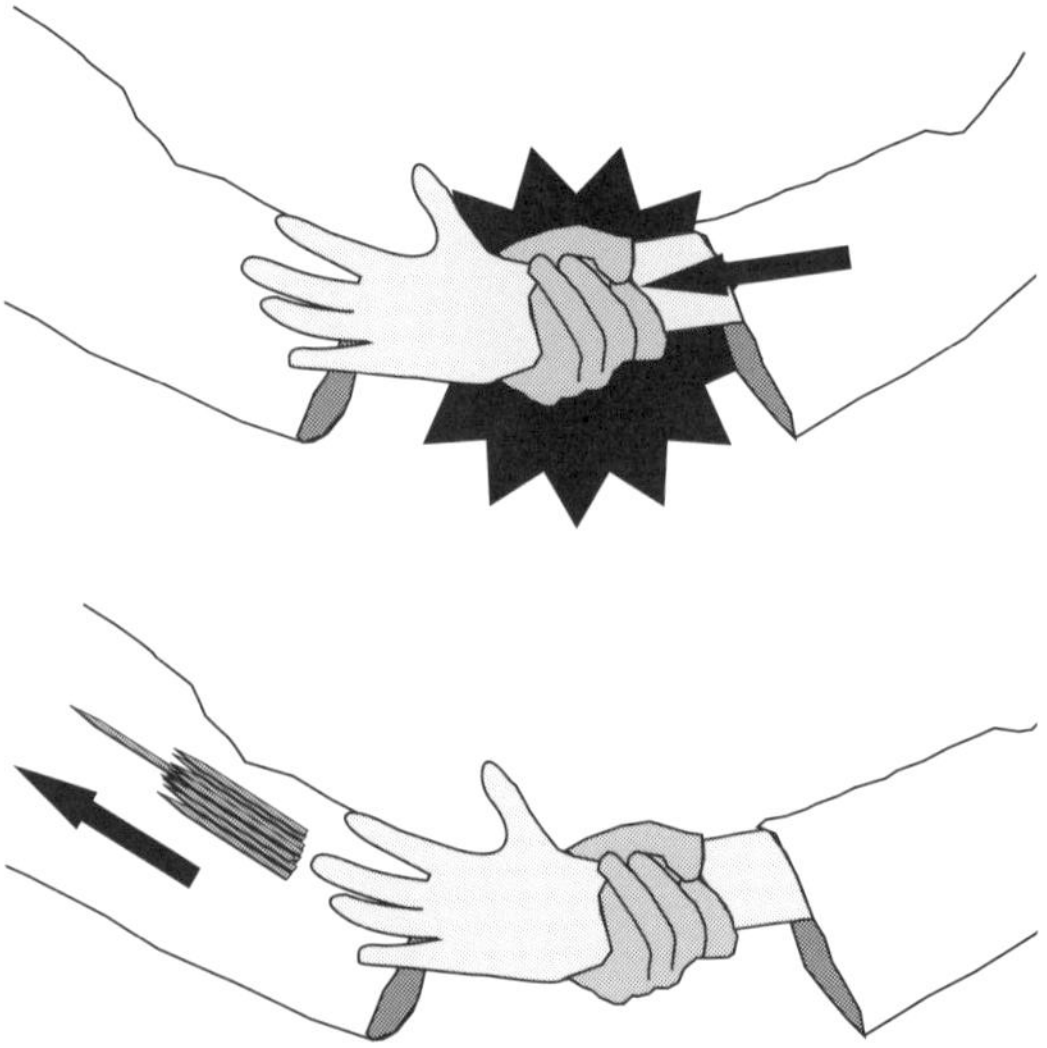

竹串の束の真ん中の１本
を中指で押し込むように

掴まれた手の中指を伸ばし、竹串の束をイメージして、中指でその真ん中の１本だけを押すつもりで進み出ると、相手の体ごと押し崩す事ができる。

〈ポイント〉面を面で押し返さず、点で押し返すように。

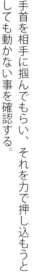

竹串の束をイメージして、その真ん中の1本だけを中指で押し出すつもりで動かすと、相手を体ごと押し崩す事ができる。

毛糸抜き

手首を相手に掴んでもらい、それを力で引き込もうとしても動かない事を確認する。

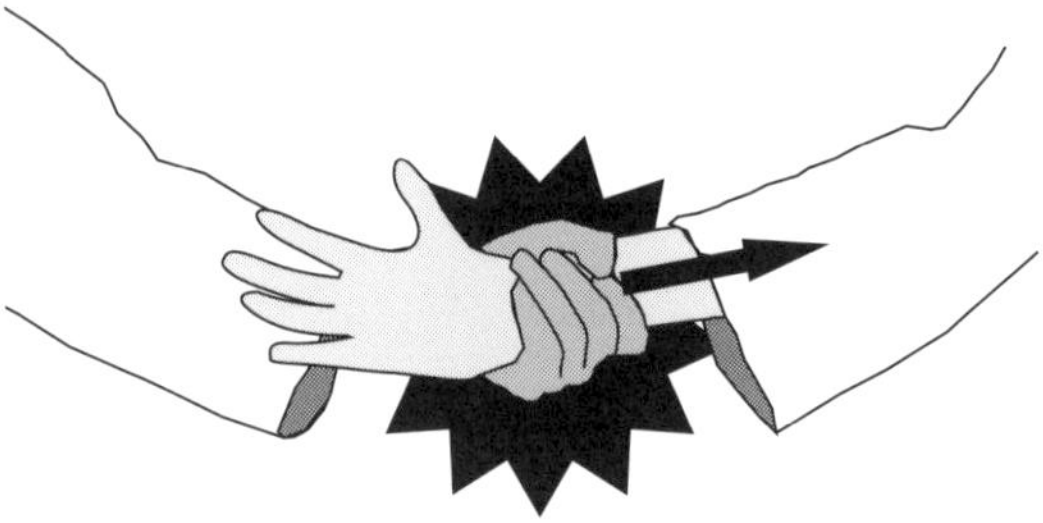

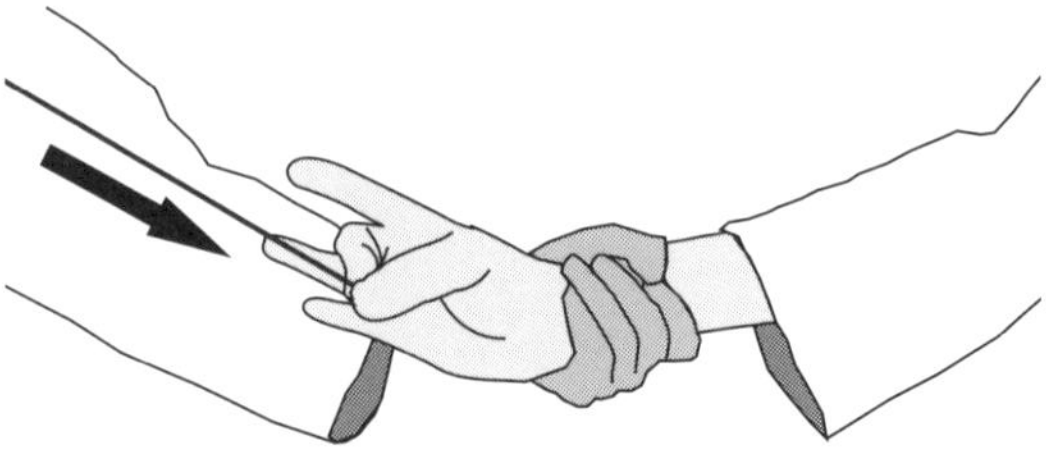

中指と親指でつまんだ
毛糸を引くように

掴まれた手の中指と親指を付け、一本の毛糸をつまんで引き抜くように引き込むと相手の体ごと崩す事ができる。

〈ポイント〉面を面で引き合わず、面の中の一点を引く。

掴まれた手の中指と親指で〝一本の毛糸〟をつまんで引き抜くように動かすと、相手を体ごと動かす事ができる。

◎目標の変更で起こる変化

今度はごくごく小さいレベルの話になってきている。意識する先、つまりは〝目標〟を接触面から〝点〟に切り換えるのだ。

一本の竹串を押すのも、一本の毛糸を引くのも、ともに掴まれている手首をなんとかしなければならない、という意識を消す効果を持っている。すると結果として、すでに先に紹介している「末端でなく、体幹近辺を使うようにする」というのと同じ変化が起こる。ある意味不思議だ。もっと末端に、もっと局所の身体遣いになってもおかしくない。

しかし、そもそも局所の身体遣いになってしまうのは、掴むなどの相手の加力、抵抗などがあっての事であり、そこにこちらの意識が行ってしまう事で起こる事なのだ。

人間は、何もなければだいたい自然に最高に合理的な身体操作を行うようになっている。

ここでは何かあるところを何もない状態にもっていく変化こそが重大なのだ。それは、ぶつからない状態にもっていく、という事だ。

〝面〟に対して〝点〟ならばぶつからない。実際に、イメージを〝面〟から〝点〟に切り換えると、「面で抵抗する」身体遣いから「点を通す」身体遣いに変わるのだ。

竹串も毛糸も、大きな力で逆らってきたりはしないものの象徴だ。指先に思いっきり力を入れようとなどはしない。余計な力みが一切なければ、〝点〟を通そうとするならば、そのまま〝点〟が通る力となるのだ。

掴んでくる手、殴ってくる拳、威圧的な意識……それらを局視点で相手にしたりしなければ、きっと最善の立ち振る舞いができるのだ。その〝相手にしたりしない〟がとてつもなく難しいのだが。

第3章

合気の要素

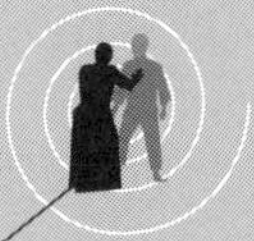

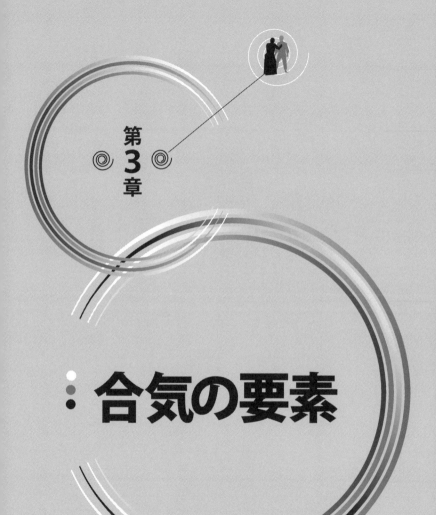

〝合気〟すなわち本書で言うところでは、力、スピード、運動神経によらない崩しは、では何によって崩すのかという所を考えると、実にさまざまな要素から成り立っている。

本章では、それらについて細かく具体的に見ていきたい。

1 息吹、周天運動、姿勢・伸張反射

① 息吹

他の武道では、パンチを繰り出す時には、息を吐くか、止めるかだ。

その一歩前の〝息を吸う〟から始めて打撃を繰り出す。つまり、相手を吸い込んで導く〝誘い〟〝息吹を盗む〟から、もう始まっている。

また、息吹は「息吸い引き」のように動作を隠す効力がある。

② 周天運動

技の返しは、メトロノームのように〝行って〟〝帰って〟の2拍子で取れるものではなく、〝∞〟のように、いくら技の変化があろうとも最後まで1拍子で一筆書きなのだ。

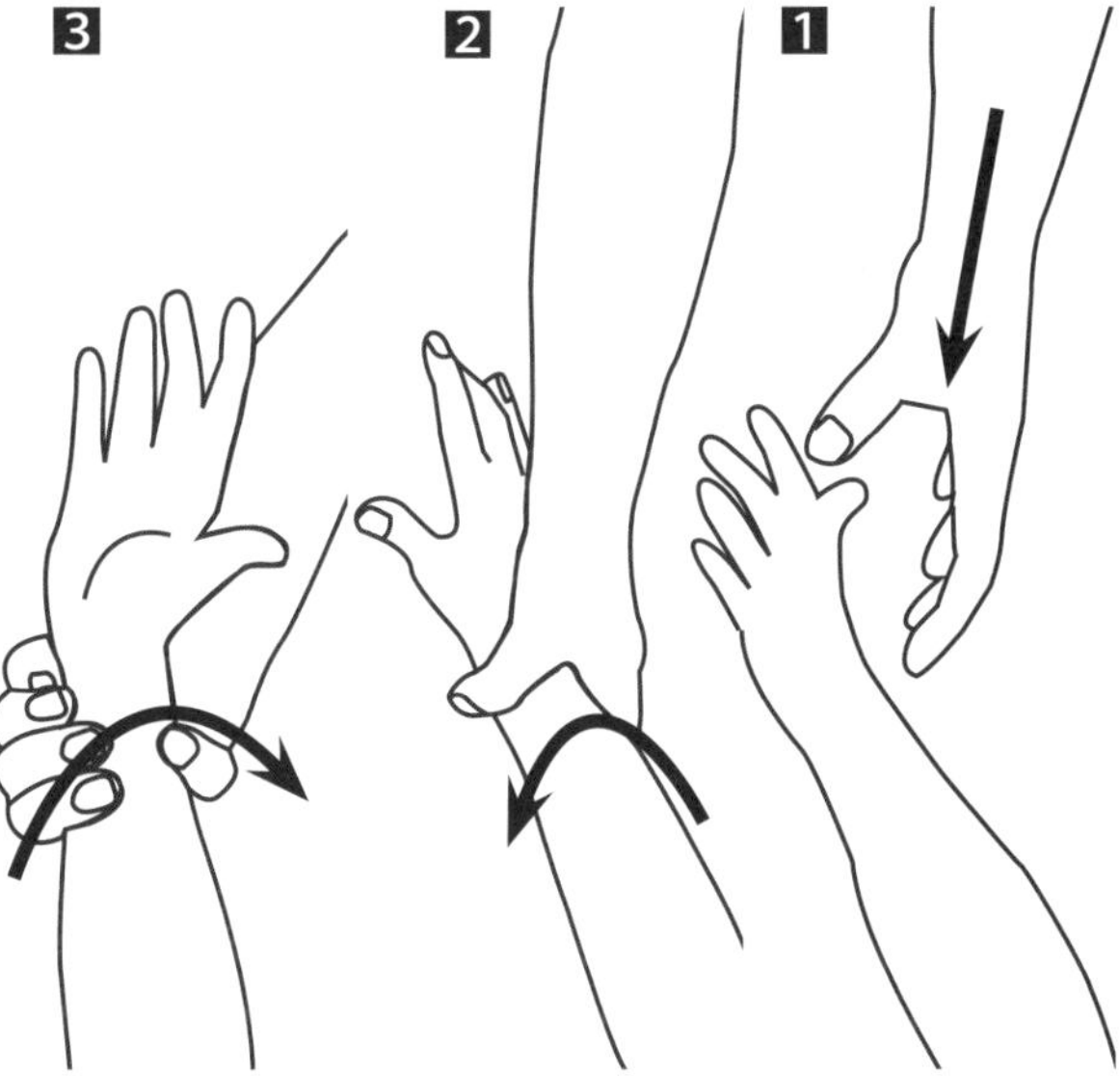

影持ち
相手が手首を掴んできたところ（図1）、掴まれる瞬間に掴まれる手を逆側に返す事によって（図2）、振り幅を大きくとって崩す。

角のある〝Z〟でなく〝S〟で行う。これによって動きとして居着きのない、相手にとってとらえがたく対応しがたい動きになる。

③ 姿勢・伸張反射

人間の体は倒れそうになると姿勢を戻そうとする防衛反応があり、また、押されると相手を押し返そうとする反射がある。
大東流の技は「影持ち」のように、なぜ逆方向から始まるかの所以である。さらに、人間は力の出所がわからないと反応が遅れたり、一度に多方向の刺激があると反応できない特徴がある。

〝多方向の刺激〟に反応できない

突き手をとらえ、相手方向に押し戻す動きと落とし崩す縦方向のアプローチを複合させると、相手はこの〝複数方向の刺激〟に反応できずに崩れてしまう。

2 加重刺激連続と〝一点のみ〟通過

初心者がとくに陥りやすい過ちが2つある。

1つには、技を止められた時、最初に戻る事だ。つまり、やり直そうとしてしまうのだ。ほんの一歩だけ戻って、再度進めばいい。止められるのは想定内としなければいけない。止められ、進み、また止められ、進み、と続けて行う事が「加重刺激連続」だ。これを当たり前に思う事から始めたい。

2つ目は、力の強い人に止められた時、諦めてしまう事だ。他に手を持たなければ絶望に至るのも無理はないが、大東流にはまだまだ手がある。

面で無理でも点なら可能。竹串の一本だけなら押せる、毛糸の1本なら引ける。これだけなら非力の人間でも可能である。

手はいくらでもある、と本当に思えていれば、止められても止まらない。止まってしまうのはお終いの時だ。

実行あるのみである。

加重刺激連続

技が止められたら少し戻ってまた進み、また止まればまた少し戻って進む、を繰り返す。手首・肘・肩と自分がどこを動かすか、を変えれば進んで行ける。完全に止まってしまわなければ、技は必ずかかる。

3 体重移動

技をかけて、手で相手を押しても動きはしないが、体全体で圧力を加えると相手は倒れる。後ろ足を前足に近づけるだけで、自分の体重を前進移動させる事が可能である。こういう所が実は技の決め手となる。

とかく現代人は、筋肉の存在だとか、力は筋肉の収縮によって得られる、などという知識を得てしまっているので、単なる〝体重移動〟が大きな力となる事を忘れてしまっている。足捌きが磨かれてくると、〝体重移動〟をあらゆる技において活かす事ができるようになってくる。

小さくて地味なようで、絶大な効果を発揮する、それが〝体重移動〟だ。

4 イメージ

体内に間合いを作るのも、腕の中に伸び縮みを考えるのも、さらに尾てい骨に繋げて引っ張るのも、イメージ（意念）である。

腰を取る、足裏を狙う、手と腰を同じ動きにする、前後反対方向、上下反対方向を意識する、これらもすべて動作の前にイメージありきである。

人間はイメージによって、見た目には現れない大きな効果を技にもたらす事ができる。同じく見た目には現れない要素に「息吹」があるが、「イメージ」と併用する事によってより大きな効果をもたらす事ができる。

以下は、イメージと連動させる息吹の型だ。マスターしておくと技のさまざまな場面で活きてくるので、練習してみてほしい。

◎イメージによる「息吹の型」

①　山なりの息吹

吸って上がり、吐いて下がる。縦の重心移動。

②　イ━━チの息吹

イチ・ニ・サンでなく、イ━━チとずーっと長く吸って、最後に吐く。相手を引き込む事に主眼を置いた息吹。

4つの息吹と実戦的体動効果

① 山なりの息吹

吸って上がり、吐いて下ろすに合わせて相手を崩し落とす。

② イーチの息吹

長く吸いながら相手を引き込みコントロールキープし、最後に吐いて落とし崩す。

③ 弾力の息吹

掴んだ手を相手が押し込んできた瞬間、逆らわずに吸って一瞬引き込んで、すぐさま吐いて崩す。

④ ゼンマイの息吹

吸いながら仙骨を立てて意識を後方回転させ、すくい上げる。相手はつま先立ちに固まる。

③ 弾力の息吹
相手が掴みに来る、その手の平の中に、自分を入れる。掴んで押される時、逆らわずに自ら一瞬下げてから、少し上げる。

結果として相手を一瞬硬直させる操作につながる。

④ゼンマイの息吹
息を吸いながら、仙骨を垂直に立てる。その時意識は上に上げ、頂点に達したら背中側に行き、少し下がって、それからすくい上げる。

山菜の〝ゼンマイ〟のような動きになるが、これは相手をつま先立ちに固めるような操作に繋がる。

5 接触点と目的意識の分離

手首を握られたら、その握られた所でなく、次の関節（肘）から動かすようにすると、動かす事ができる。また、手首を握られた状態から、〝指先の蝶を追いかける〟とか、〝そばに落ちているお金を拾うように〟というイメージを持つと、不思議と動かす事ができる。

つまり、接触点は力の発信源とも、目標としてもならない、という事だ。

接触点と目的意識の分離

「お金を拾うように」

相手に掴まれた手首はそっちのけで、あたかも目の前にお金が落ちていて、それを拾うように意識して動くと、相手を崩す事ができる。

「指先の蝶を追いかけるように」

相手に掴まれた手首はそっちのけで、あたかも目の前に飛んでいる蝶をその手の指先で追うかのように動かすと、相手を崩す事ができる。

この、接触点と目的意識を分離させる、という事は、大東流の技法において相当な極意なのだろうと思う。実際にやろうとしても、なかなか難しい。その実現には「お金を拾うように」とか「指先の蝶を追いかける」だとかいった口伝や、あるいは本書でご紹介するような、肩から力が下りるような例えやイメージがきっと有効なのだろうと思うのだ。

6 虚を作る（だましの技術）

大東流は影持ちに代表されるように、いったん投げる方向と逆に振ったりする。また、掴みにくるのを、逆に迎えに行ったりもする。いずれも、相手は予期せぬ実現象に意識を揺さぶられ、崩れたり、止まって固まってしまったりする。

これらは弱い者が強い者を倒すための技で、いわば相手をだまして虚を作っている訳だ。

力ずくでもないのに、相手を投げる事ができたり、相手が固まって動けなくなってしまう〝不動金縛り〟などはこの延長線上にあるが、いくら不可思議に見えてもこれらはあくまで「技術」であって「気」とは違う。

相手を、自分に合わせさせてしまう技術だ。

虚を作る

相手の肩に手刀を当てた状態で〝拮抗〟を作る（写真1）。一瞬の脱力によってその拮抗を崩し虚を作る（写真2）。

それによって生じた相手の崩れに乗じて押し込む（写真3）。

7 〝受け〟は最高の教師

どうしたら技がかかるかは、〝受け〟が一番わかる。つまり、「もっと中心線を攻めれば利く」「後ろ足を引き付ければ倒れる」といったような事を認識できる鋭敏な感覚が必要である。

また、肩に力が入っていたら「肩をいったん上げてから下げる」、肘に力が入っていたら「肘頭の柔らかい皮膚を引かれた感じで動く」など、技のかかるかからないを左右する大きな壁となる「力み」をいかになくさせてやるかも、〝受け〟の重要な役目であると思う。

第4章

抜き合気・触れ合気・伝え合気を感じてみよう!

第2章でも触れたように、かすかな接触程度で相手を崩してしまう「触れ合気」などは、大東流達人技の、ある意味、真骨頂かもしれない。

もちろん、極めて高度な技法だという事もあるが、何より「ごまかしがきかない」という事が大きい。だからこそぜひ、試してみてほしいのだ。当たり前の事だが、原理に沿っていなければかからないが、原理に即してさえいれば、〝達人〟でなくても必ず技はかかる。そういう意味合いの実例を本章にご紹介したいと思う。

これらは、多少〝力ずく〟でかけてしまう、というごまかしがきかない。だからこそ、〝原理〟の部分が厳密に検証できる、という事でもある。


本章でご紹介するのは、ほぼ、力の介在する余地のない、一見〝達人技〟に映る技法例だ。しかしそれを、「その通りにやれば誰でもできる（はずの）」レベルに簡略化した。

この章での技法例は、できるようになる、というのもさる事ながら、〝感じてみる〟という事がまずは大事だと思う。

ある意味〝信じられない〟ような技法は身体も信じられないものだ。そして身体が信じられていないものはとうてい実行する事などかなわない。

だから、受け役としても、かける側としても、〝感じてみる〟という事を体験する事が大事なのだ。

体験を経たら、もう、どういう形にも応用がきく、というレベルは、そう遠くない。

右手で“グー”を作り、相手に左手で手首を掴んでもらって押し合う。どちらにも動かない“均衡”を確認。

1
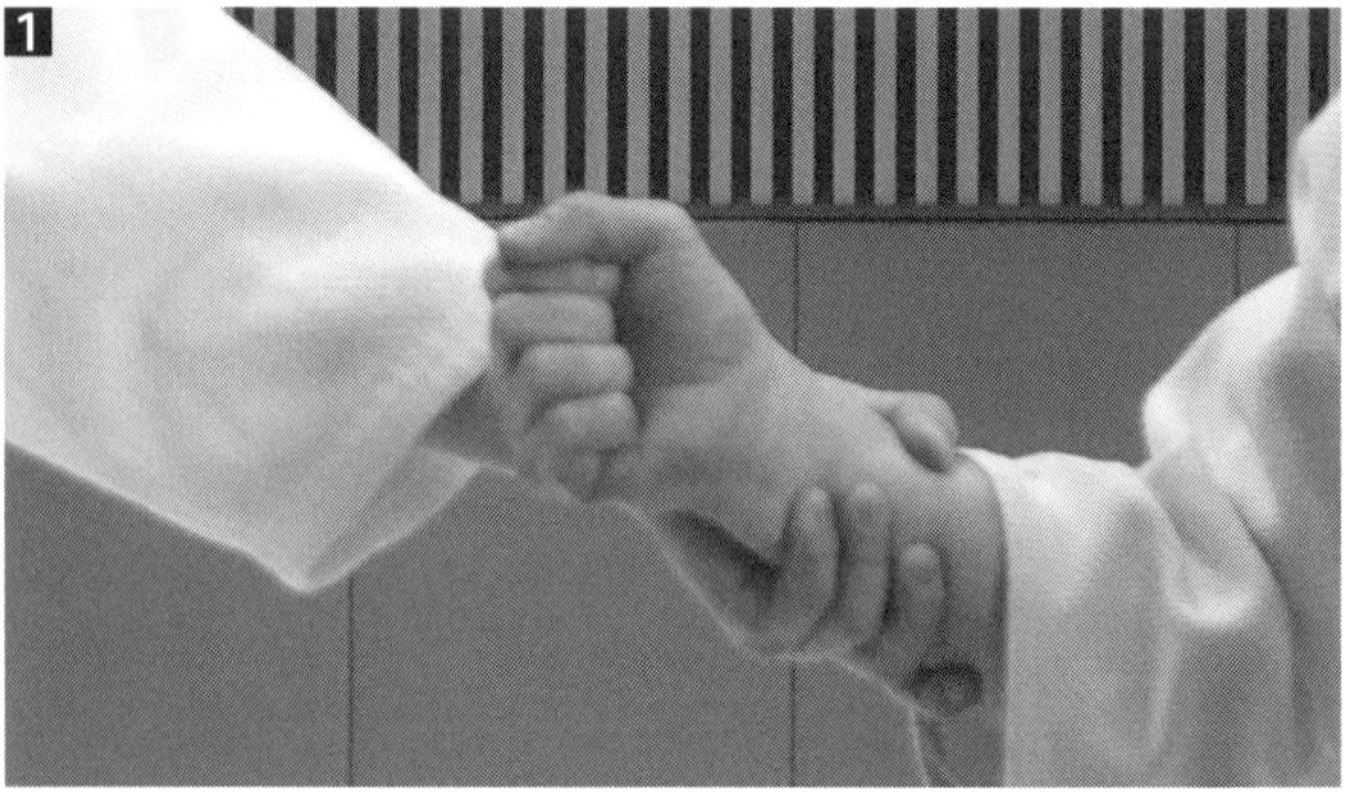

“パー”にした刹那、押してみると、相手は支えがなくなって、結果として押し込む事ができる。

2
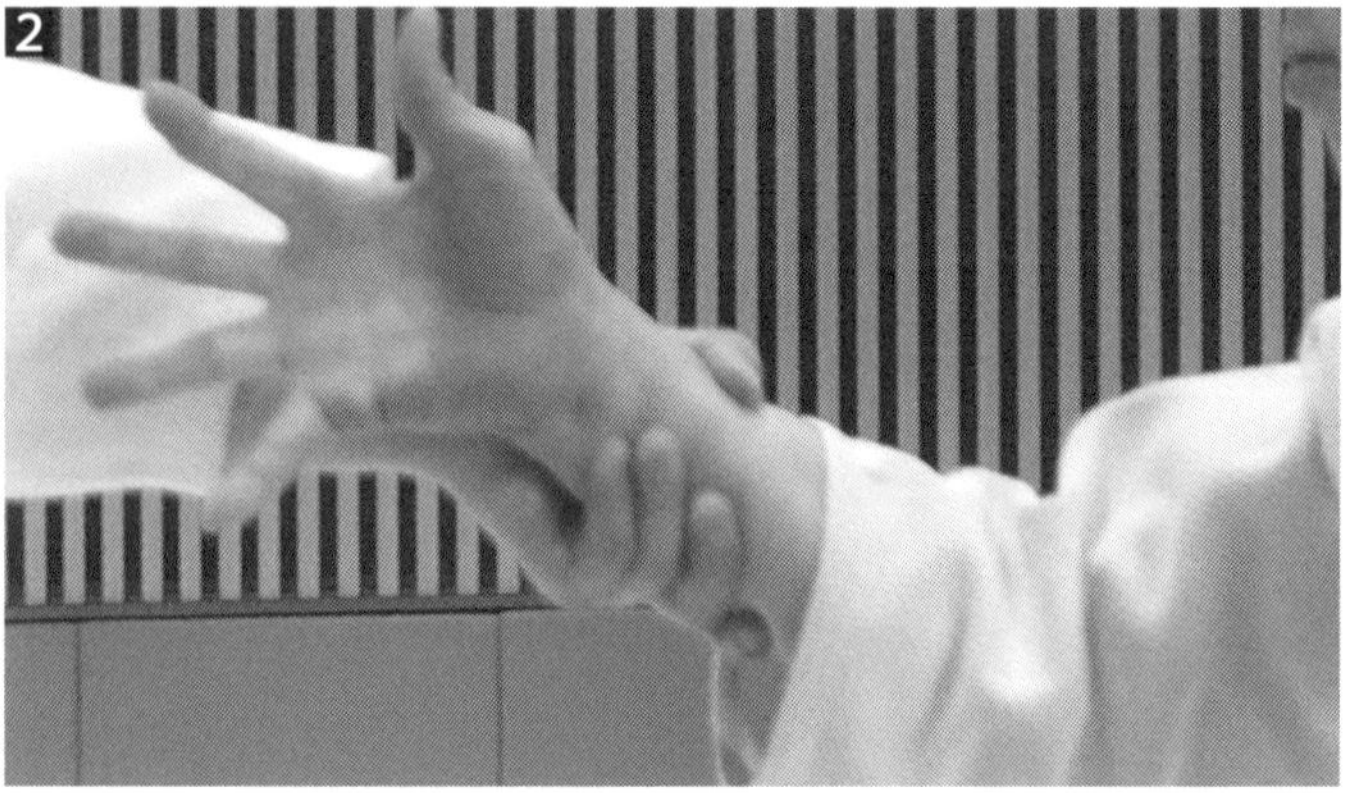

押し抜き合気で崩す

相手に手首を掴まれた状態から、〝グー〟にしていた手を〝パー〟にする刹那、押し崩す。

1

2

右手で“グー”を作り、相手に左手で手首を掴んでもらって引き合う。どちらにも動かない“均衡”を確認。

1

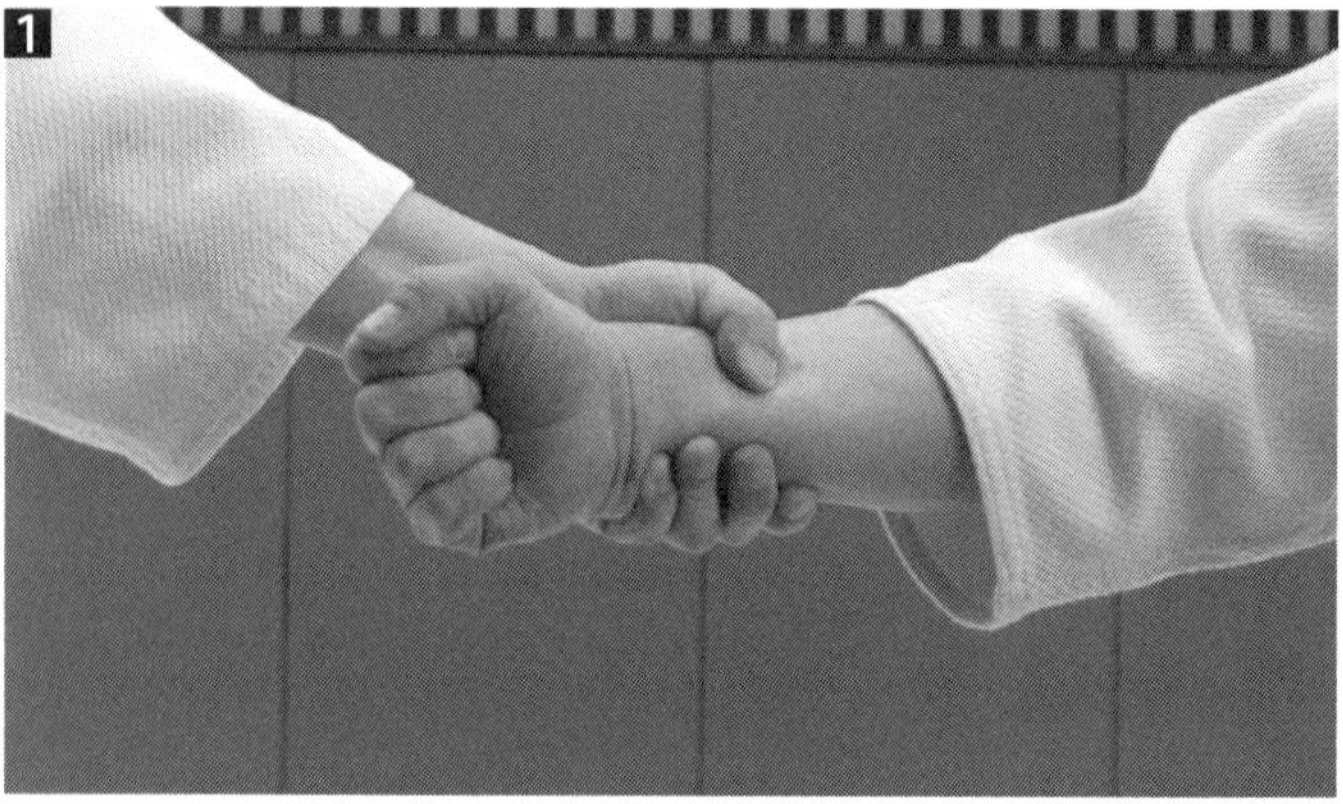

“パー”にした刹那、引いてみると、相手は支えがなくなって、結果として引き込む事ができる。

2

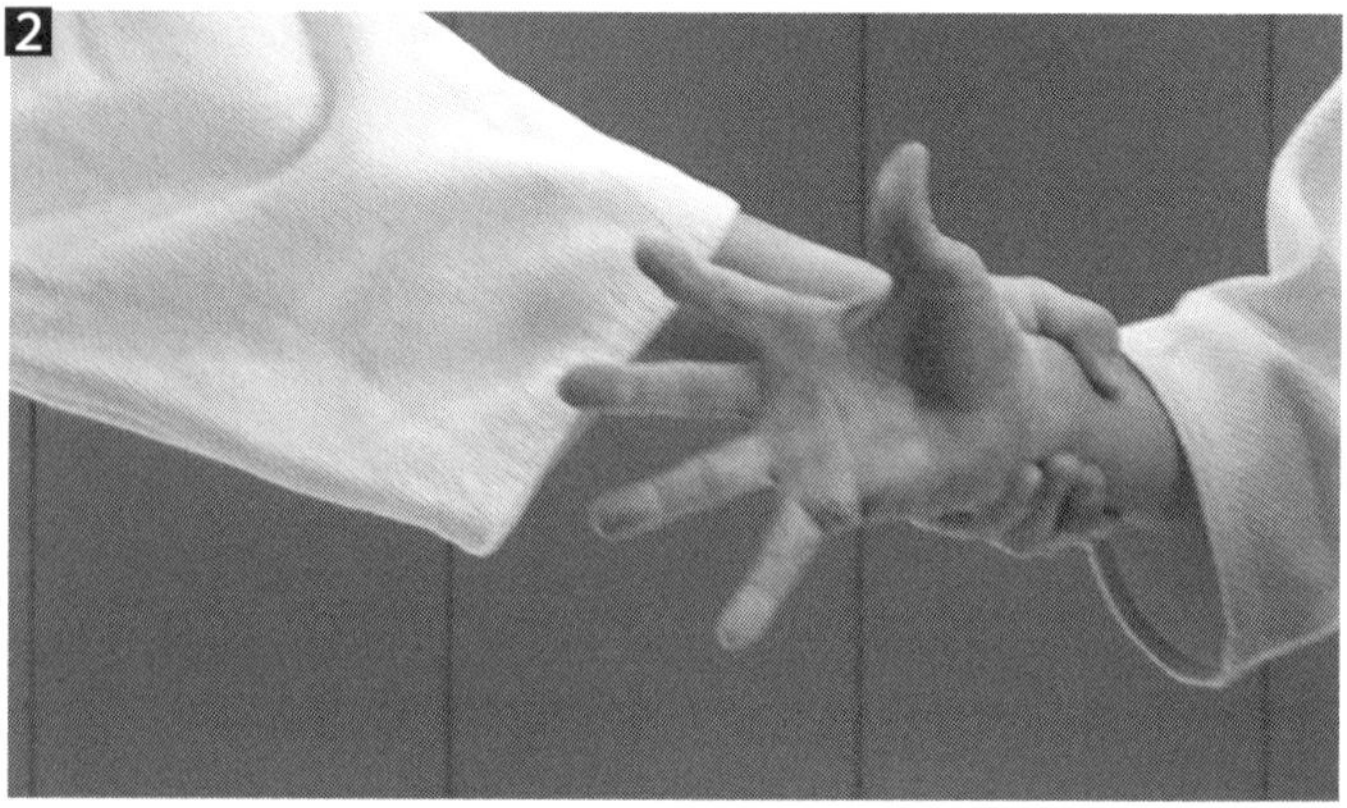

引き抜き合気で崩す

相手に手首を掴まれた状態から、〝グー〟にしていた手を〝パー〟にする刹那、引き崩す。

1

2

◎〝掴む〟という均衡は簡単に崩れる

〝抜き合気〟というのは、相手にとっての〝支え〟をなくす事によって崩すものだ。

「相手にとっての〝支え〟」というのも不思議な言葉に感じるかもしれないが、〝掴む〟という行為は相手と自分両者による〝均衡〟の上に成り立っている。つまり、〝掴む〟という行為は、ある意味、同時に相手によって支えられているからこそできる事なのだ。

とくにここでの例は、その均衡が接触面のわずかな変化で崩れる事を利用している。

例えば、ただ立っているという行為でも、足裏を地面に支えられている訳だが、その接触面が突然〝ぬかるみ〟のようなものに変化するだけで、崩れは始まる。「ぬかるんで地面が下がる」のでなく、「ぬかるみに変化する」だけで瞬間的に崩れるのだ。

掴まれた手を握るか、開くかで前腕部の状態は大きく変化する。これだけで、掴んでいる側は小さくつまずいたような格好になる。

慣れてくると、手を握ったり開いたりせずとも、わずかな操作で接触面を変化させる事ができる。

いわば、手を握ったり開いたりは、接触面を変化させるための最初歩なのだが、実はそれでスイッチＯＮ～ＯＦＦが切り替えられるような、わかりやすく明らさまなものではない。拳を力を込めて握れば前腕部は硬くなり、解けばゆるむが、指を張るように開けば前腕部も張る。

だから、いろいろ試してみてほしい。

掴まれている時の均衡が何によって成り立っているかがわかれば、それを解く事もきっと簡単だ。

〝掴む〟という均衡は、簡単に崩す事ができる。これをぜひ、覚えておいてほしい。

平行移動

自分が上の状態から、少し進めてから引くと、相手の手の平が吸いついたようについてくる。

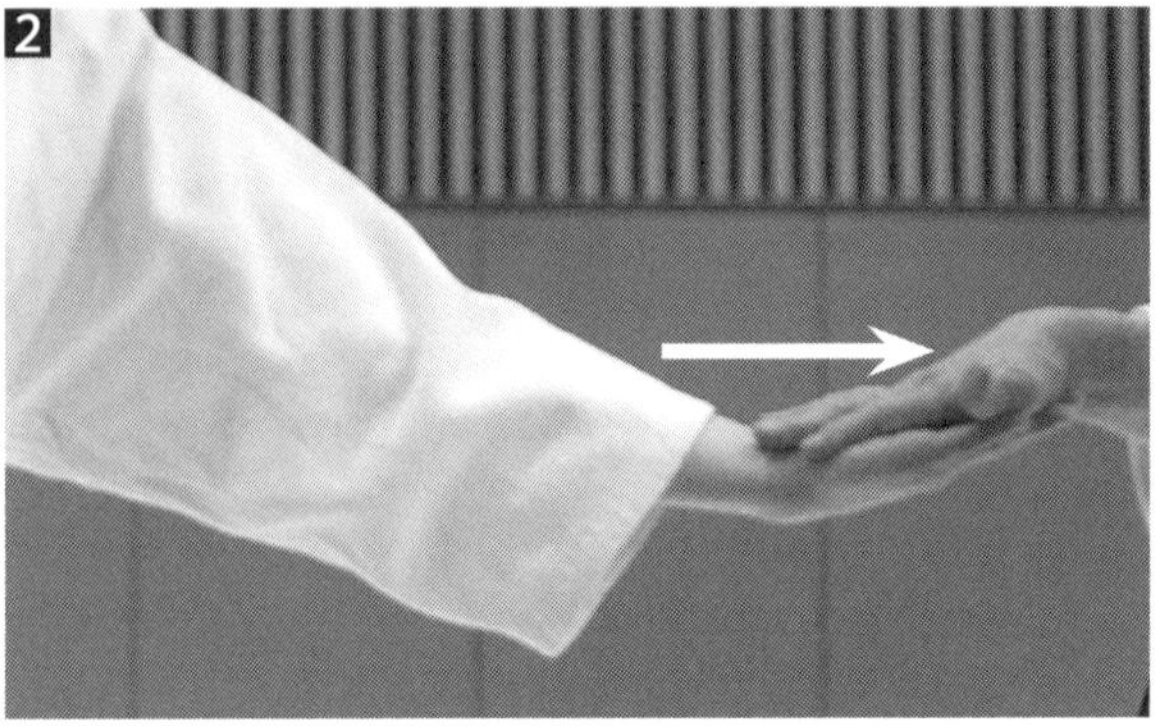

相手を無意識的に誘導する事ができるので、自然に大きく崩す事になる。

フライパン返し

自分の手の平の上に相手の手の平を乗せ、１８０度返しつつ引く。

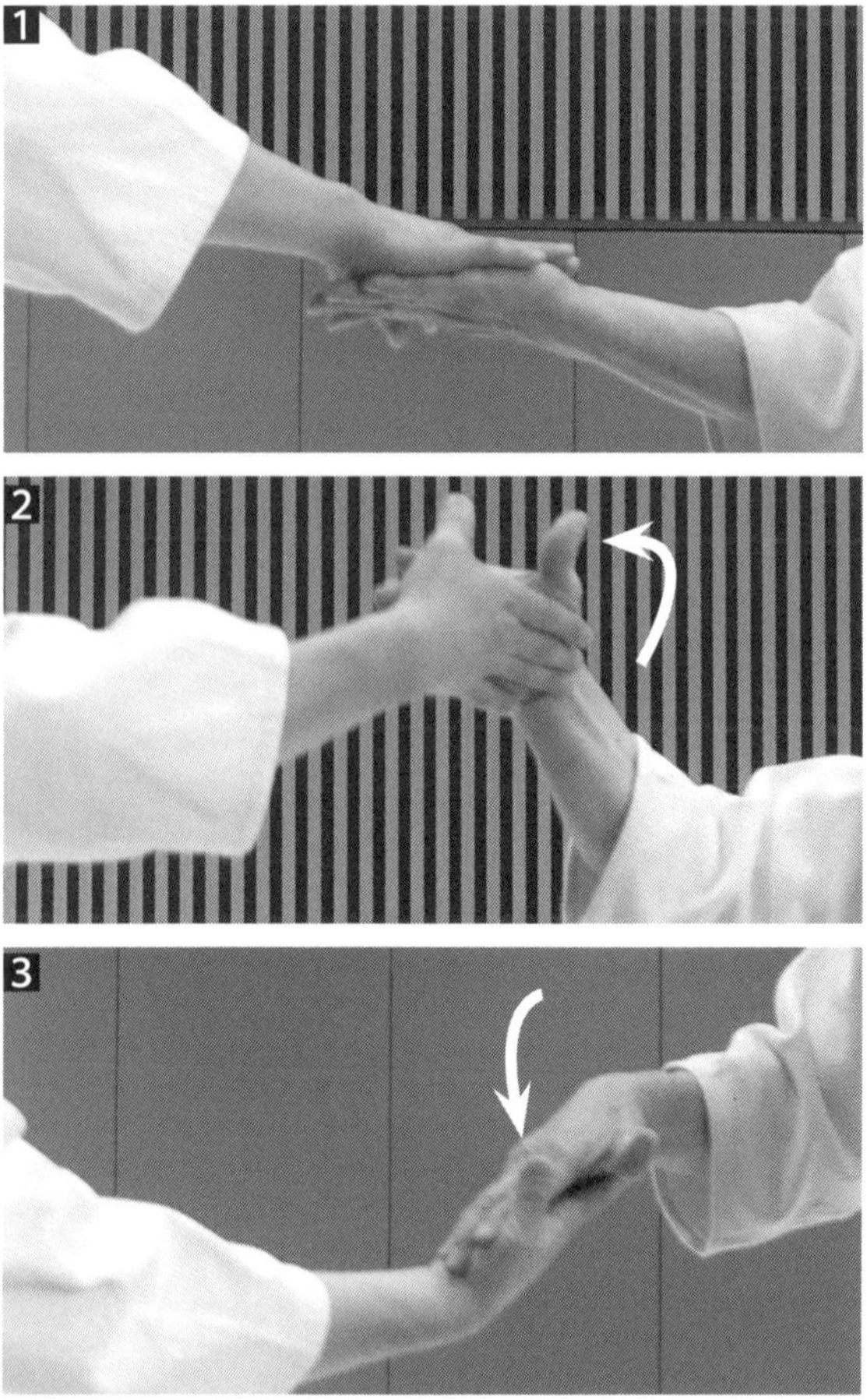

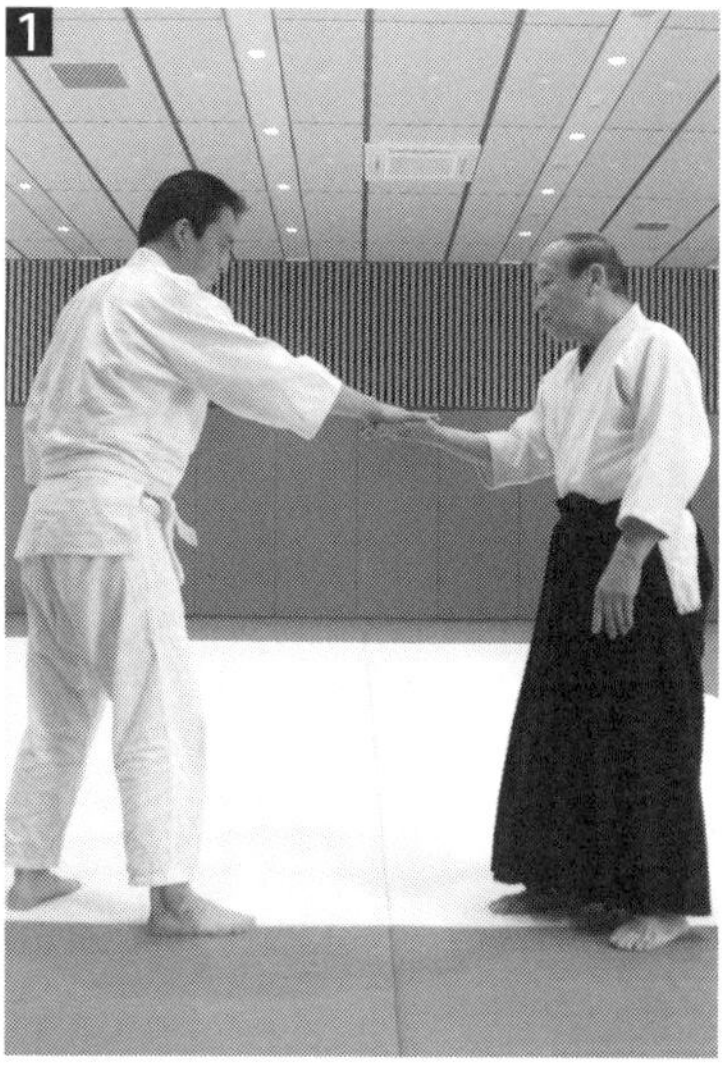
1

2

3

ジャンプ

上に向けた相手の手の指先部分を自分の指先で撫でてジャンプし、すぐに手の平を合わせて引く。

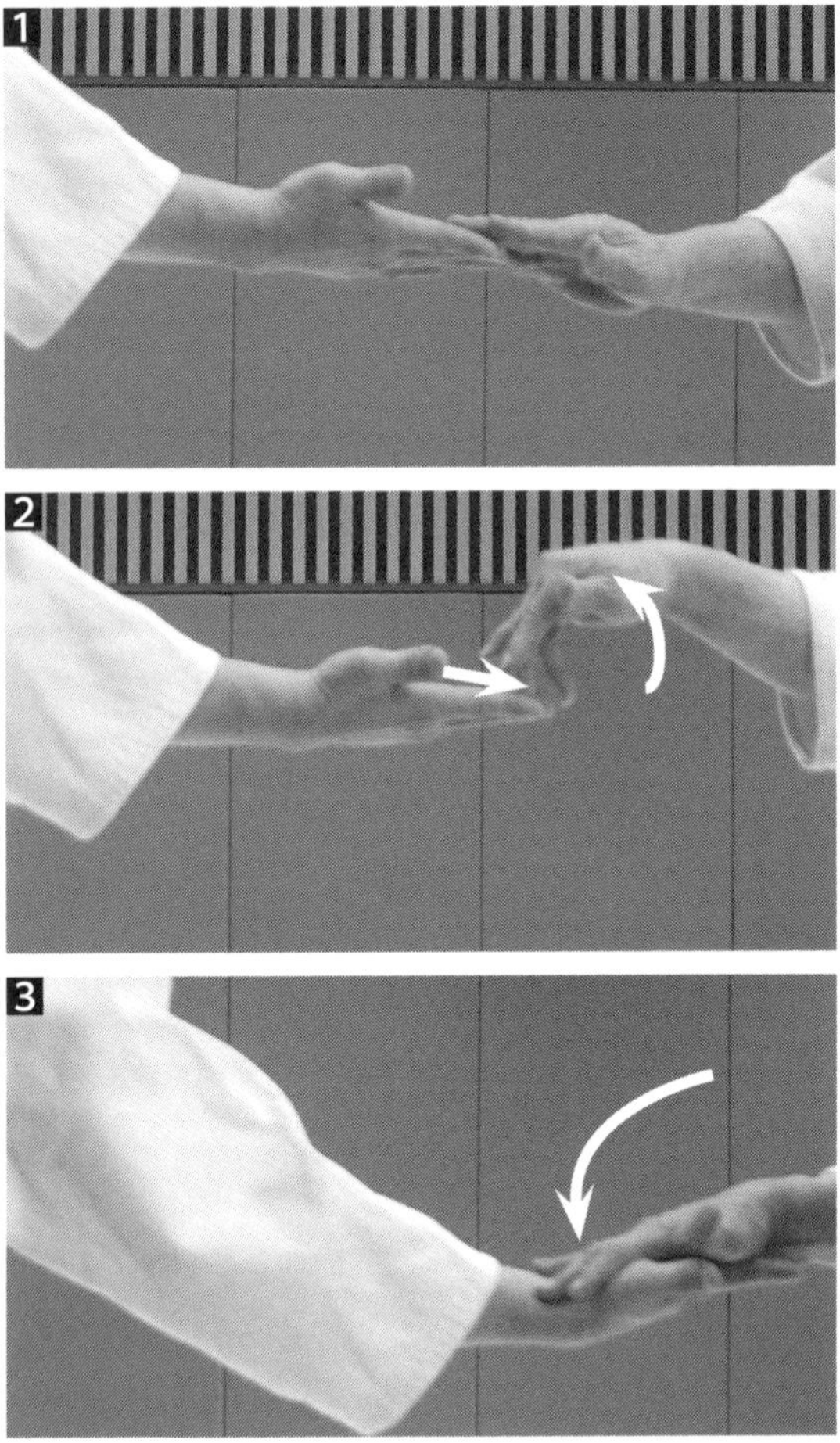

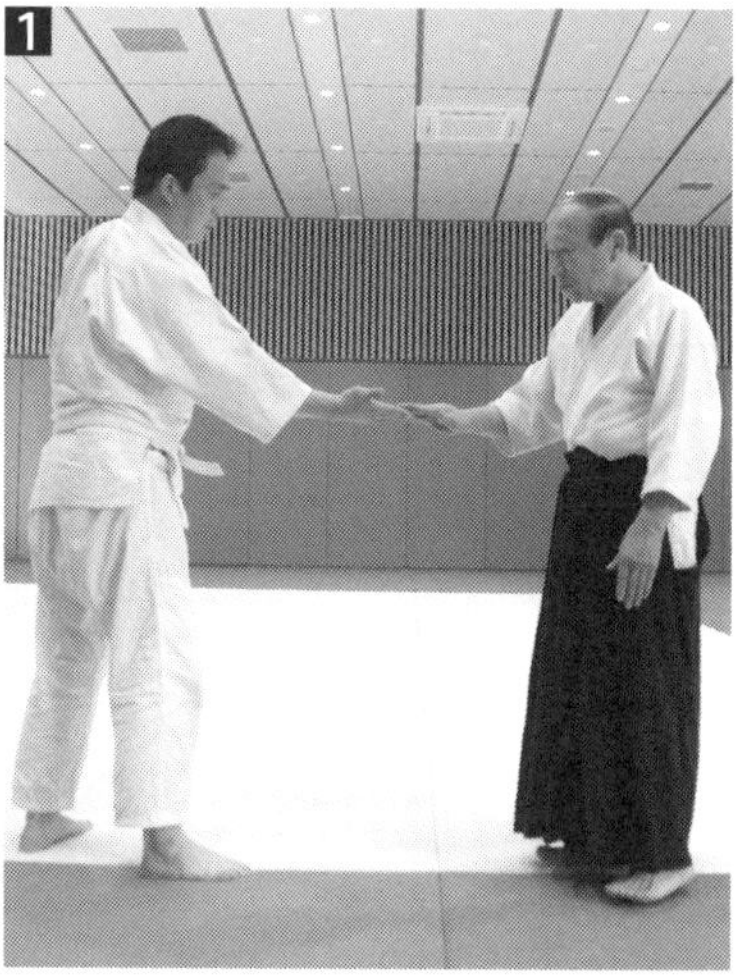
1

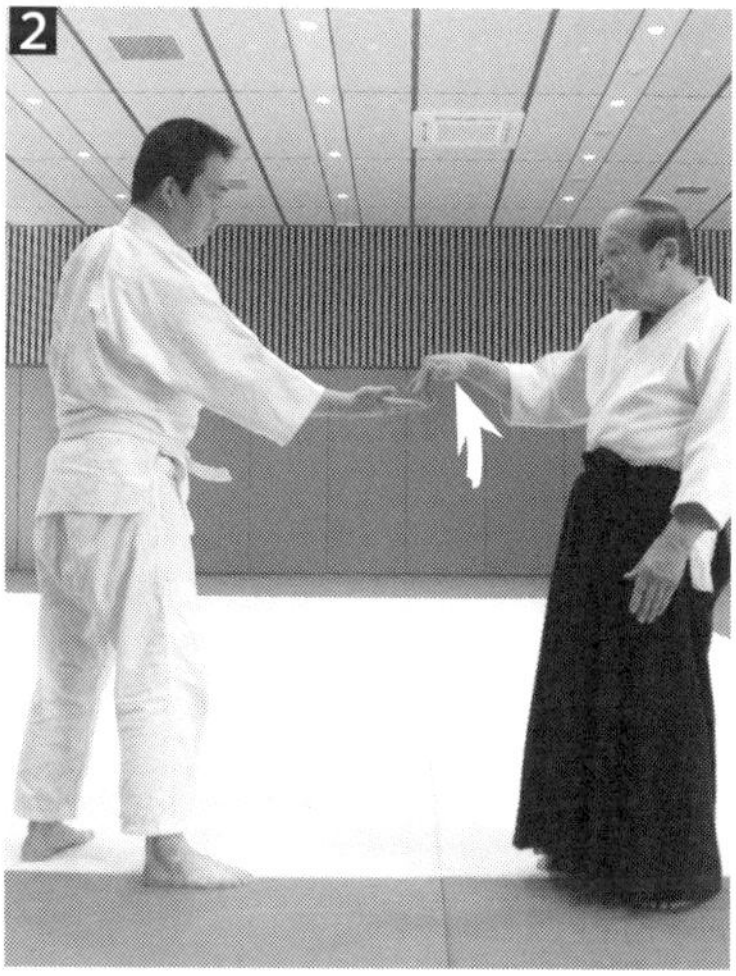
2

3

元先

上を向けた相手の手の指先に自分の掌底を当て、手の平をバタンと倒して指先を付け、そのまま引く。

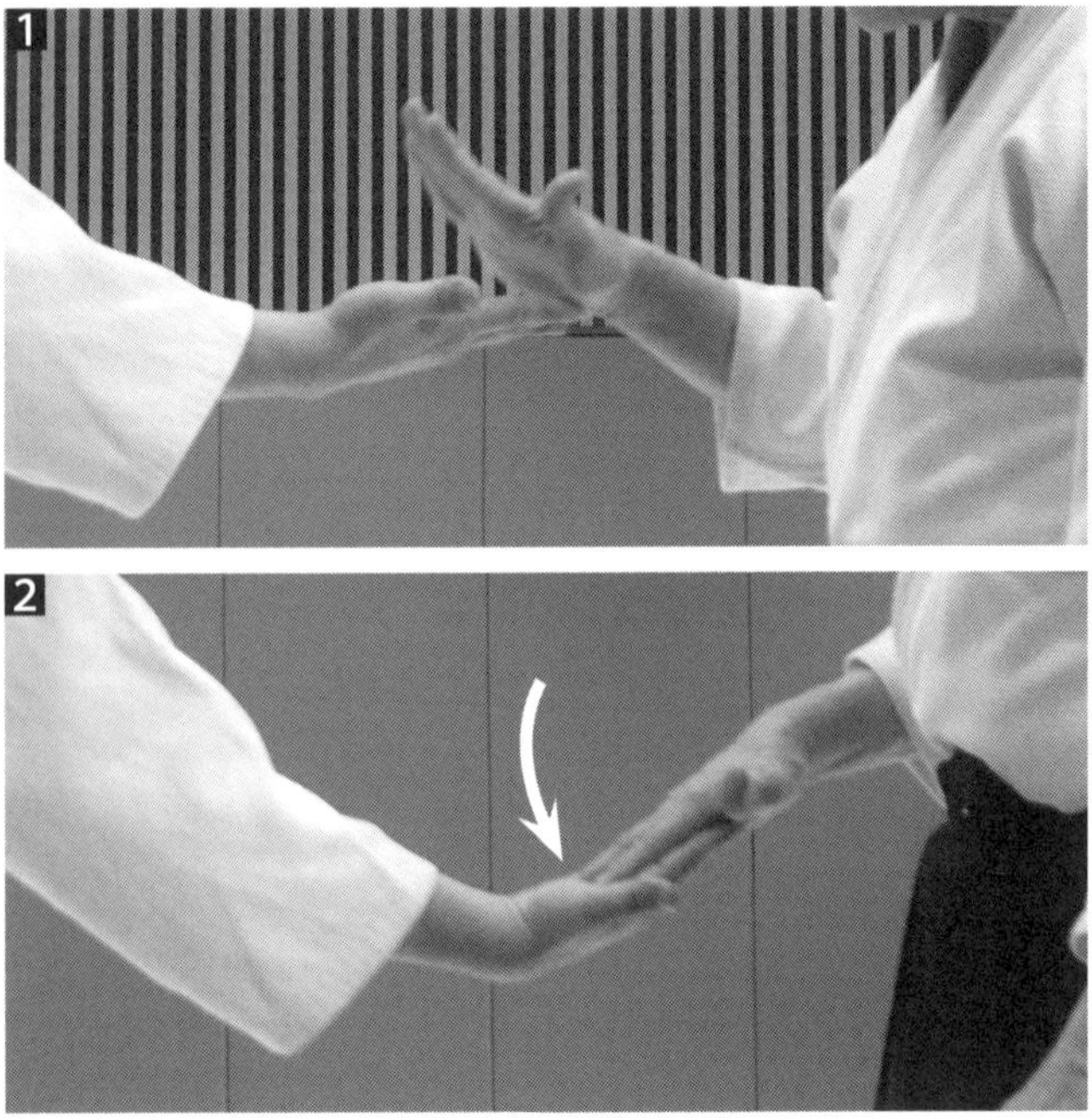

1
2
3

手の甲

手を縦にして、その甲側に相手の手の平を付けてもらう。
自分の甲と相手の手の平がピタッと隙間なく付いているか確認。
手の甲は動かさず、次の関節である肘を動かす事で相手を動かす。

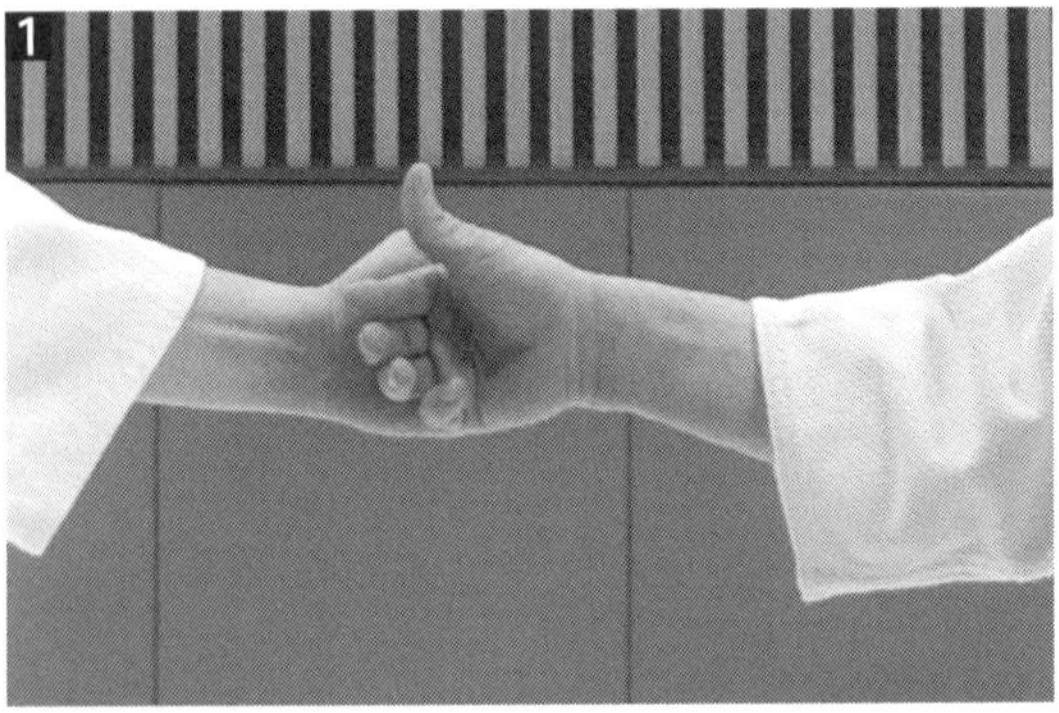

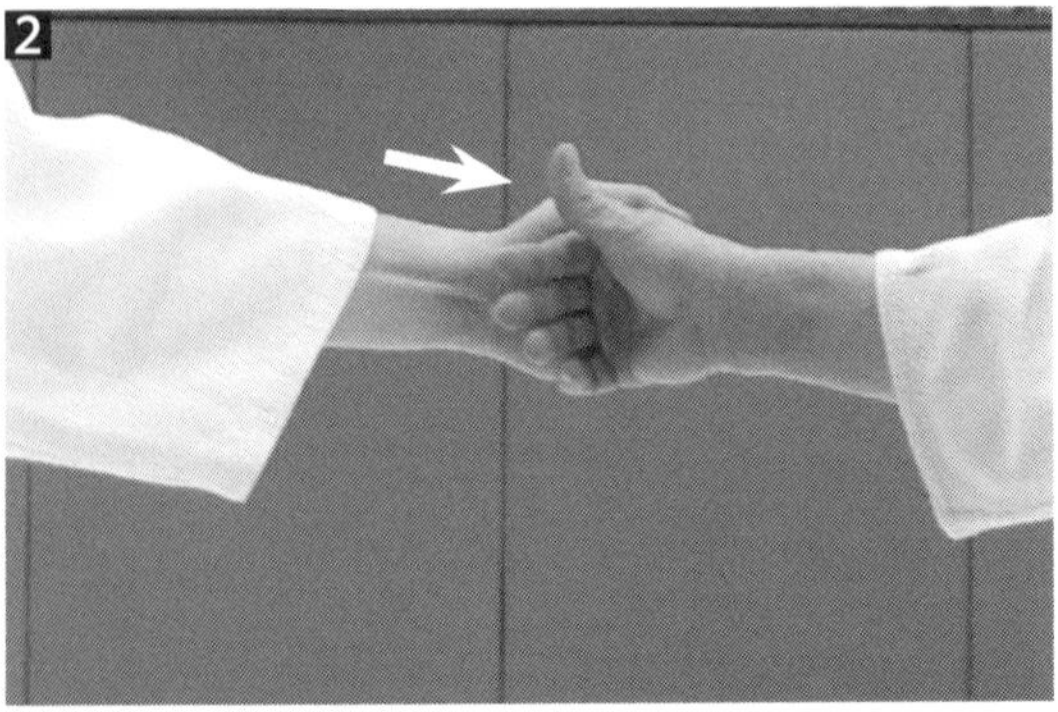

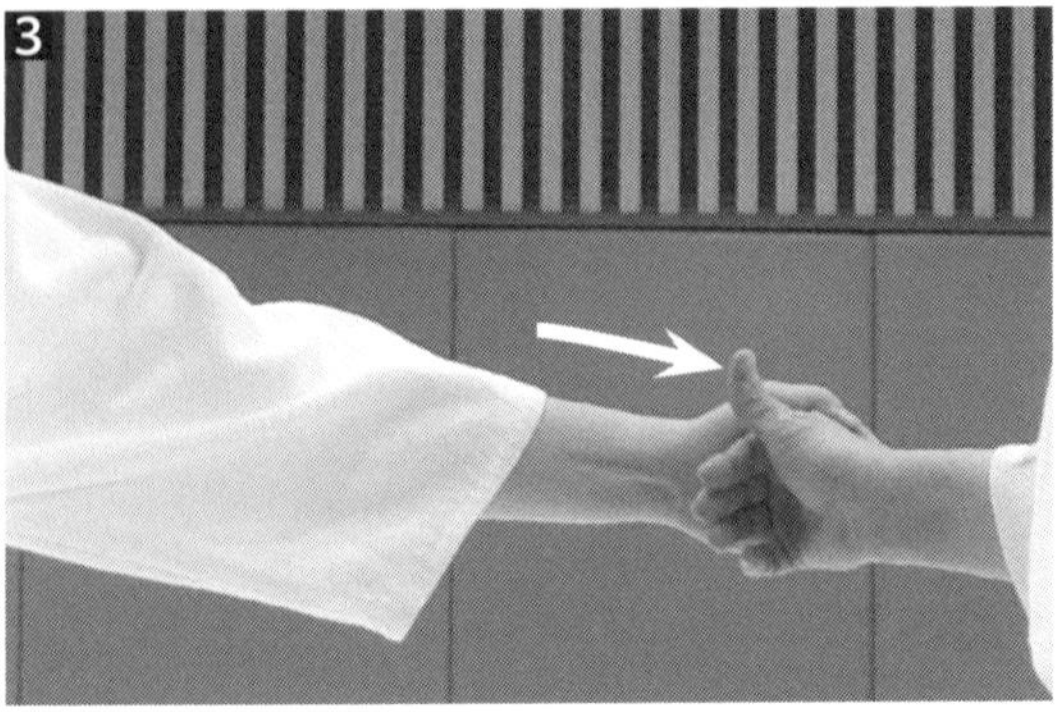

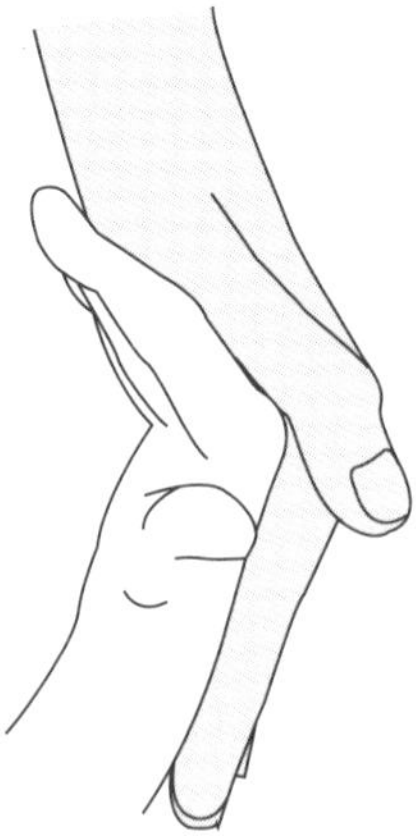

1

2

3

《進化形》変化する触れ合気

手の平を丸めてみたり、手の平を真っ直ぐ伸ばしたまま、や、相手が手の平の形を変えた場合を試してみる。

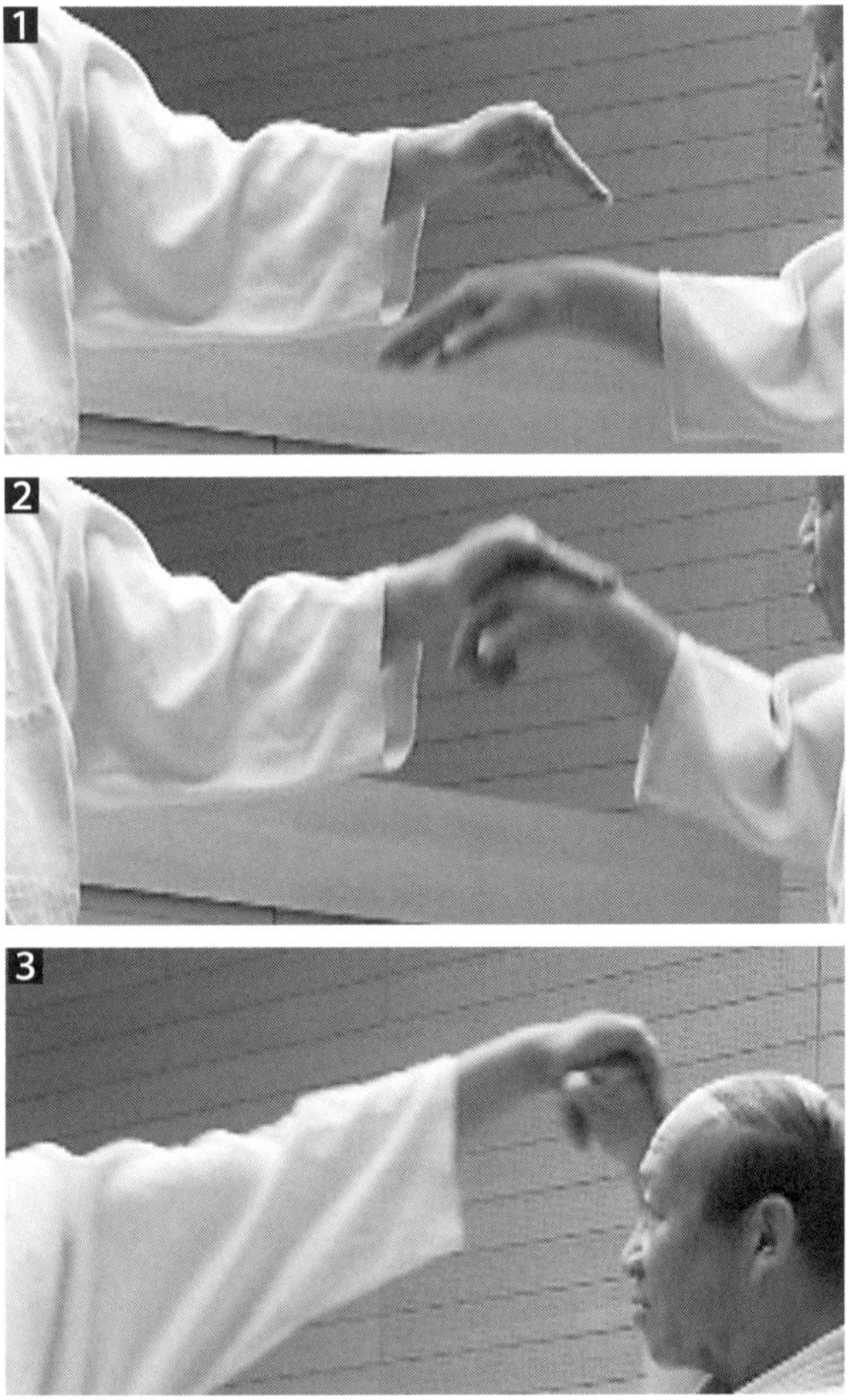

1

2

3

《進化形》伝え触れ合気

立って向かい合った相手と手に平を合わせた状態から、手を動かそうとするのでなく、腰の動きを手まで伝えて技をしかける。

〈ポイント〉膝を使い、身体を傾けずに平行移動するように。

相手の圧を感じながら、静かに吐きながら引く。肘は体側に付け、体で引くように。

吸気と呼気の息吹の波を手に伝える。

1

2

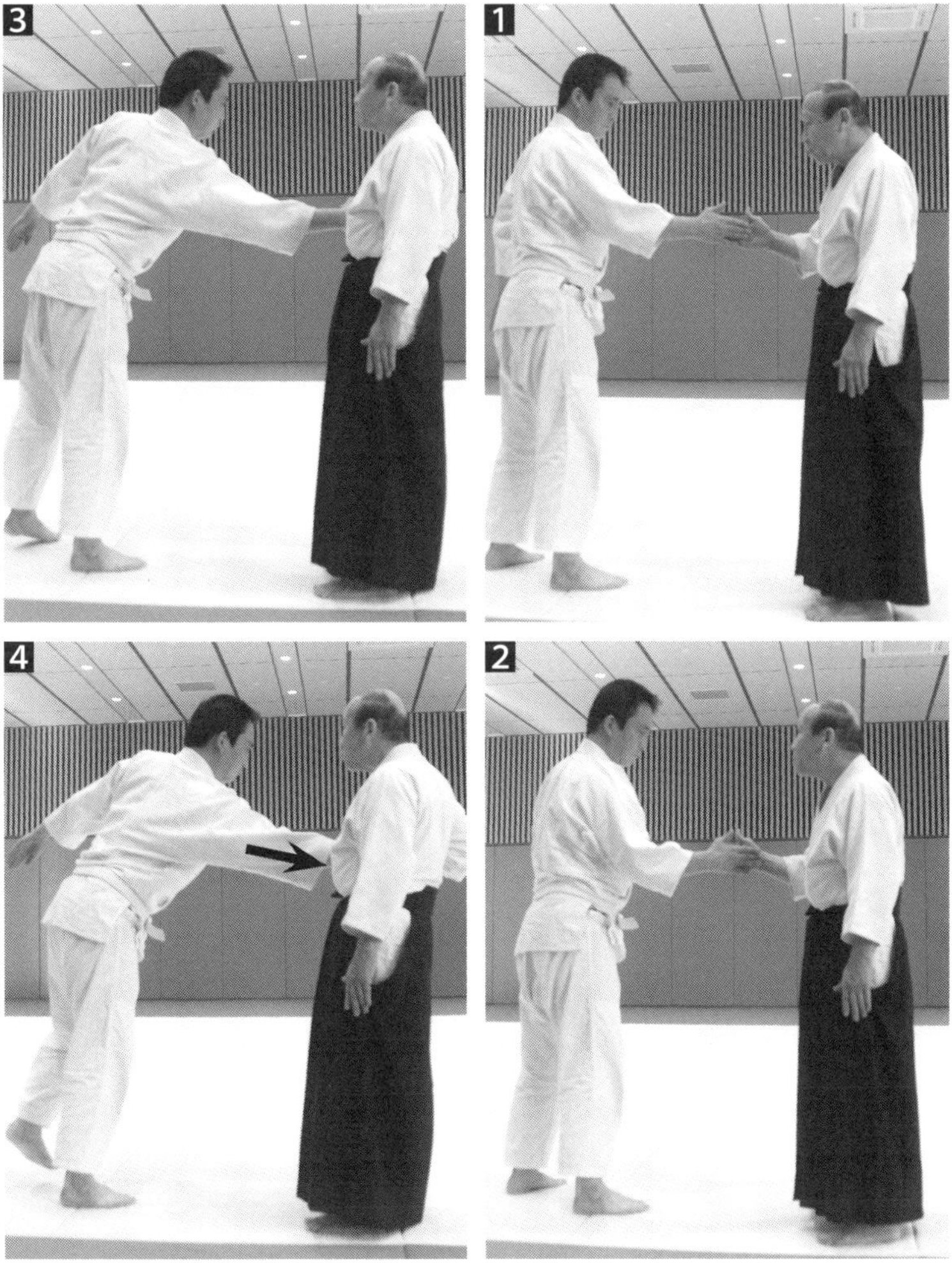
1
2
3
4

《進化形》ドリル

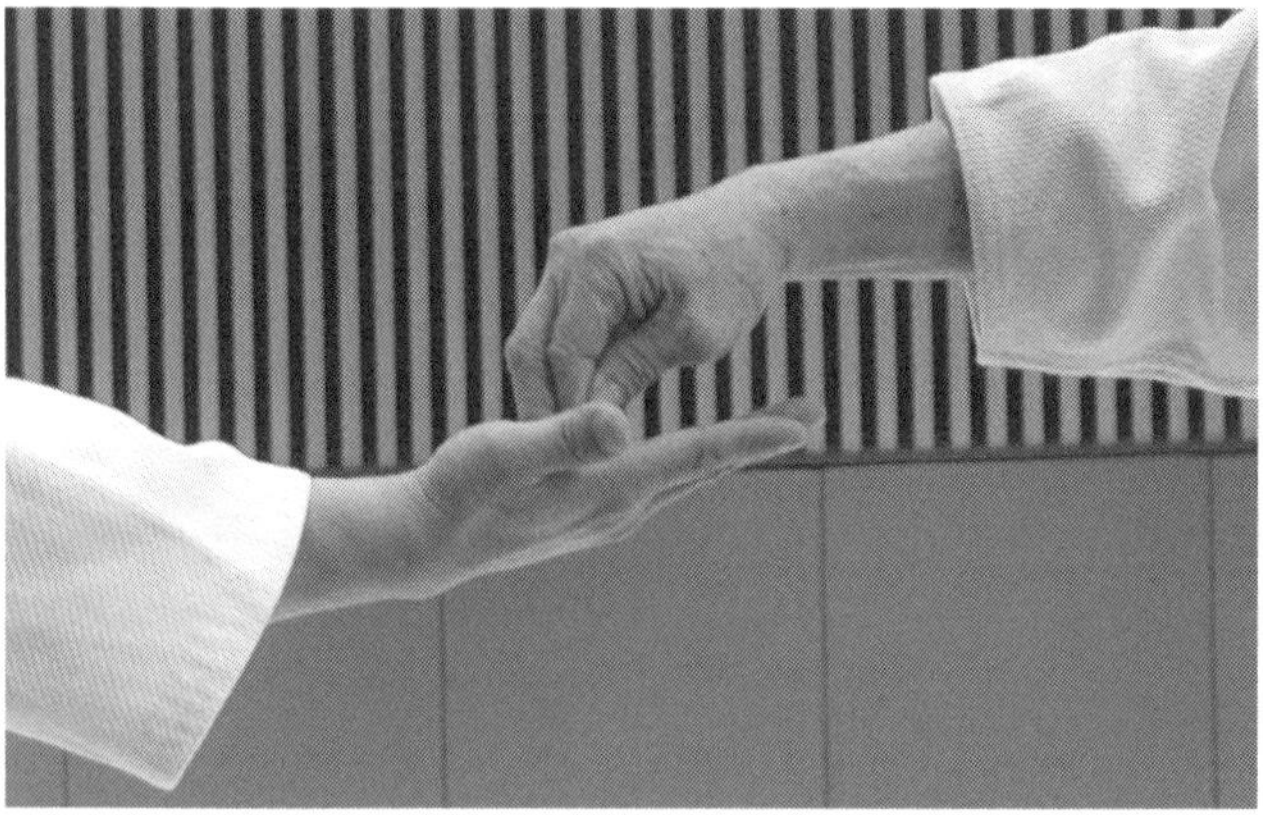

上を向けた、相手の手の平の上に、鳥のくちばしのように指先をそろえて尖らして当てる。
肘を小さく回転させ、ドリルのように指先に伝えて相手の体を崩す。
〈ポイント〉肘を回して、相手の手の平に触れている自分の指先に振動を与える。そのまま真下へ伝えながら進む指先を動かすのでなく、振動で伝える。

◎独りよがりでは相手の反応は起こせない

触れ合気は、どれも相手の反応を誘発するものだ。

一見不思議なようだが、どれにもに必ず、相手が反応するフックとなる動作が隠されている。最初の「平行移動」では、上下に合わせた手を水平に動かすだけなのだが、直前に逆方向にわずかに動かす事によって、〝わずかなズレを無意識下に修正しようとする〟反応を起こさせる。その〝修正しようとする動き〟の方向と誘導しようとする方向が一致しているので、自然に手が追随するような格好になるのだ。

注意しなければならないのが、「このように動かせば、相手は必ずこのように反応する」と言い切れるような質のものではない、という事。

独りよがりに動かしても、相手はそうなってはくれない。相手に反応してもらうには、自分が相手を感じ取れなければならないのだ。

掴んでもいないのについて行ってしまう様は、実際にされてみないと信じられないかもしれない。しかし、かすかな刺激で、ここにご紹介したような反応は自然に起こる。ただし、意識的になら抵抗する事もできる。抵抗しようという気を起こさせないくらいかすかだから、反応を誘起できるのだ。

触れ合気は、逆説的なようだが、かすかな操作だからこそ、武術において有効だとも言える。

こんな、起こるか起こらないかの反応なんて実戦では使えない、力ずくでねじ伏せるような、もっと確実な強制力をもつものでないと！……とも思えるだろう。

しかし、こんな〝力ずく〟な方法論ほどあてにならないものも、実はないのだ。何しろ、相手がたまたま特別に強い力を発揮する、などという事が起こるだけで、自分の技は立ち行かなくなるのだから。

相手に反応してもらうのが、実は技としては一番紛れがなく、確実なのだ。

ただし、適切に相手に反応を起こさせる事ができれば、だが。

波（上下）

相手に、人差し指、中指の2本を握ってもらう。

肩を上げ、手首を上げる。手首まで来たら、今度は肩を下げる。肩を下げた時の波を肘、手首に伝える。手首の波は握られている指の1メートル先まで届くようにする。ムチで波を伝える要領で、腕全体をムチと思う

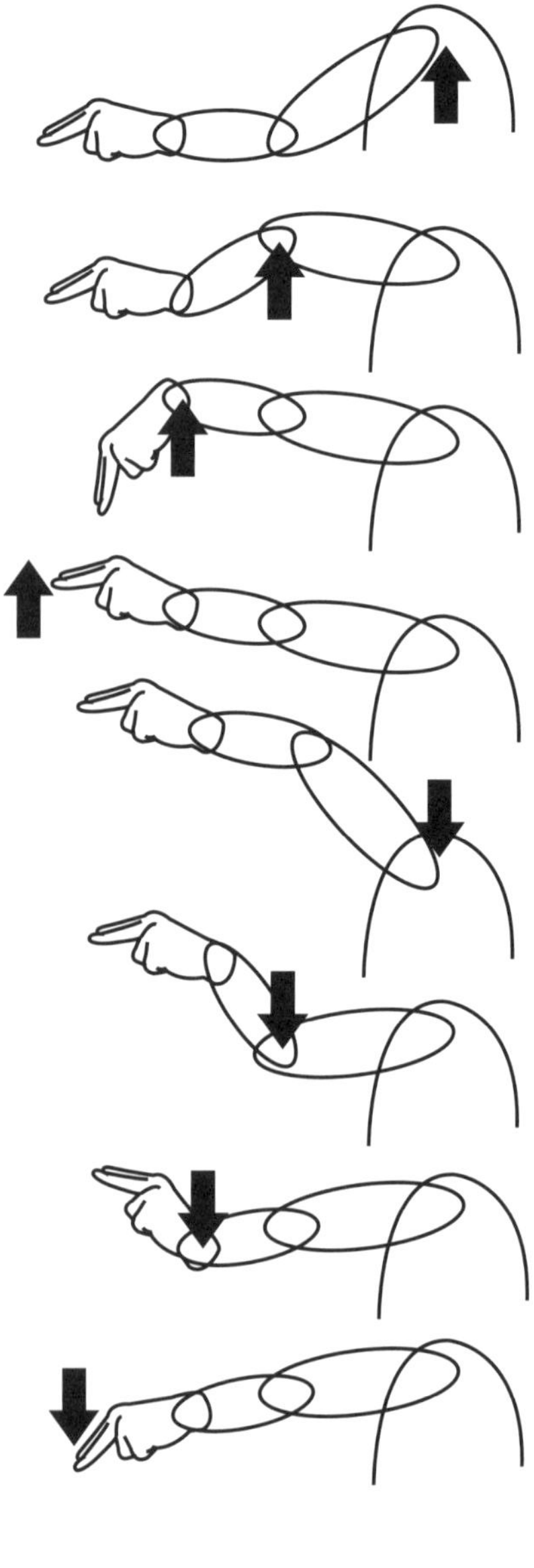

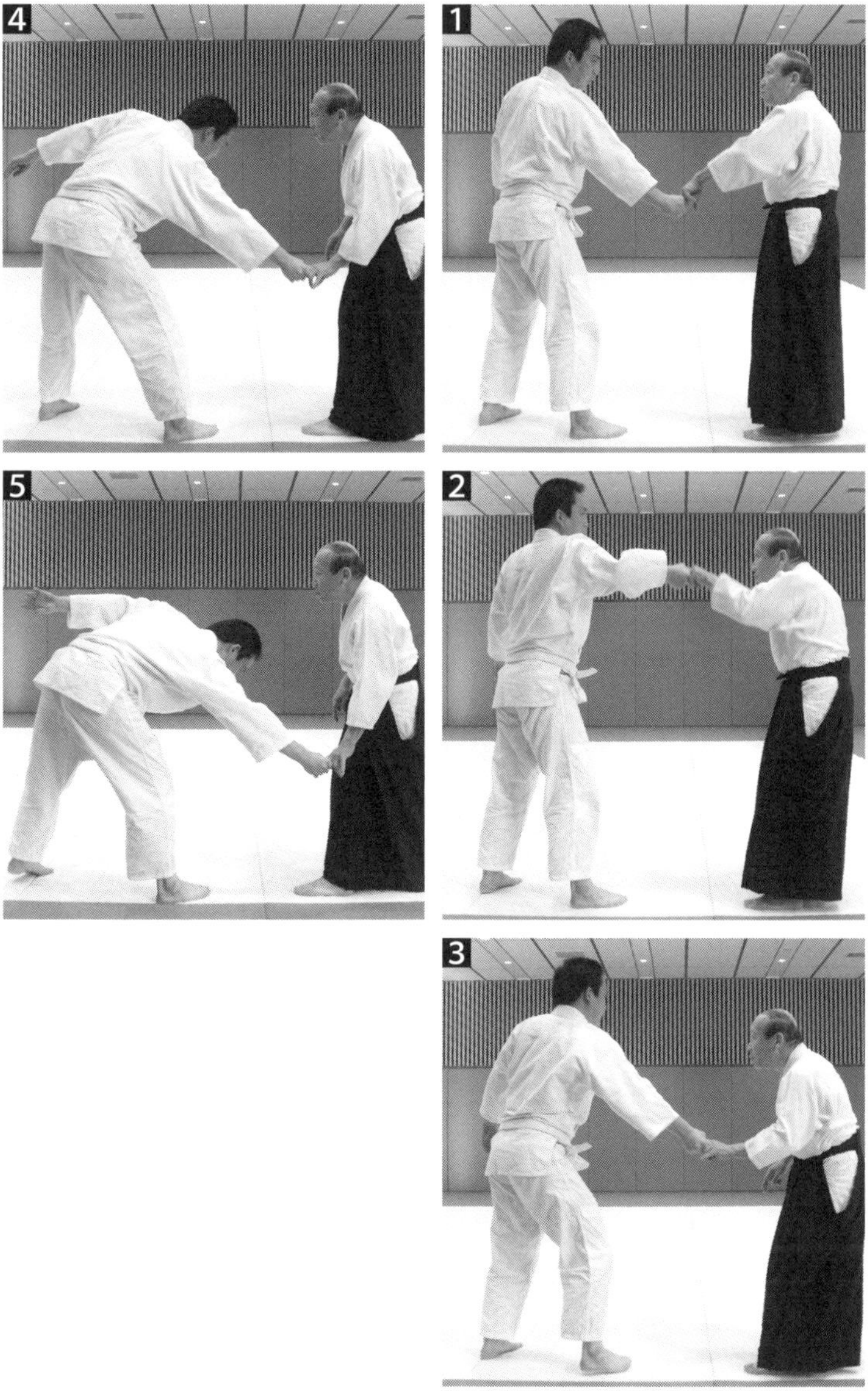

上下波状の力の伝達によって、相手は突然に直下に落とされるような崩れが生じる。

波（左右）

前記の要領で、肘を横に振る事によって波を発生させる。

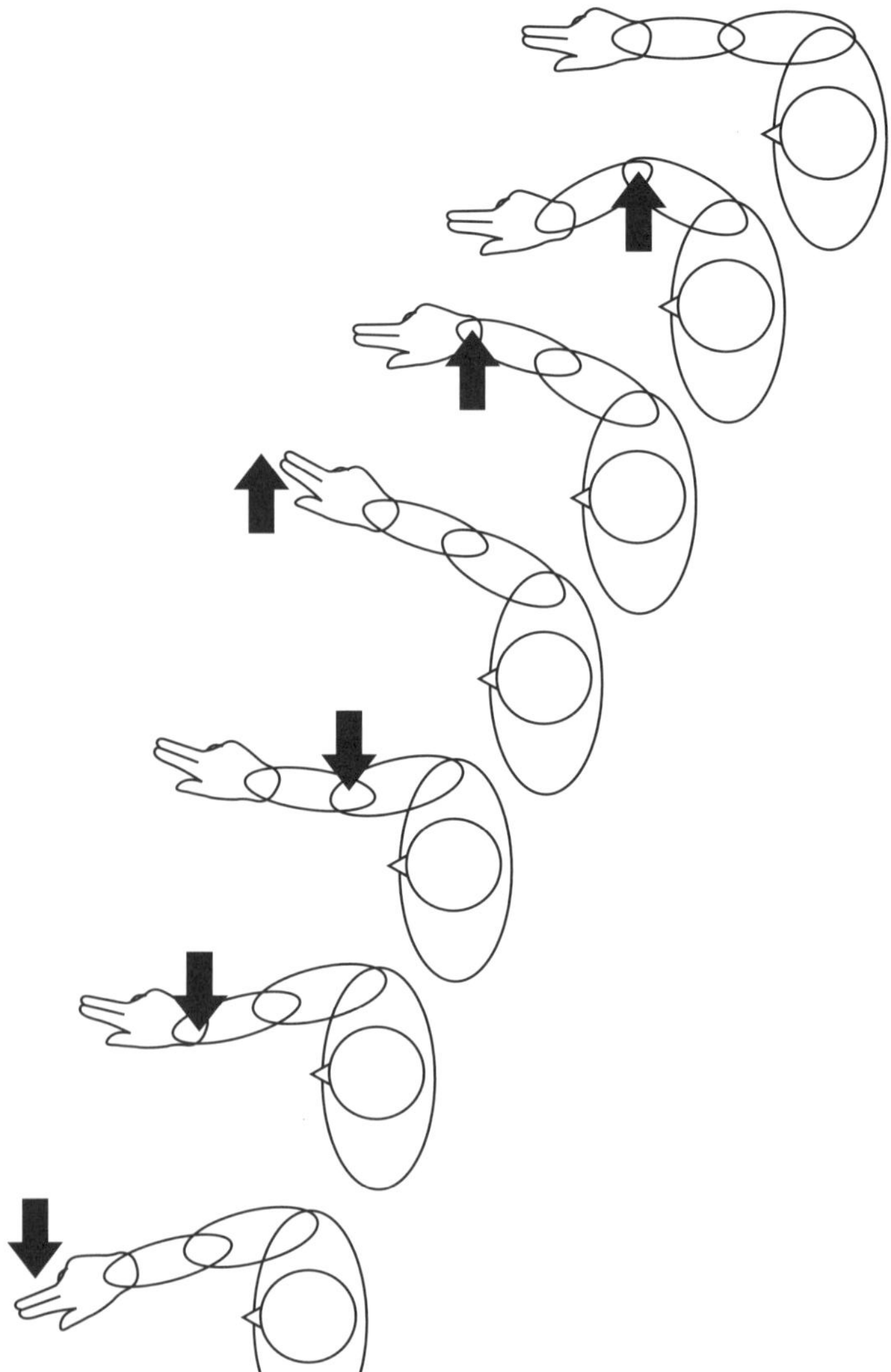

左右の波は、相手を大きく揺さぶるような崩しを与える。

《進化形》伝え抜き混合気

紙片の端をお互いに持って引っ張ると相手の腕しか動かせないのを確認する。

いったん緩め、再度引く。紙が切れるほどには強く引かない事によって相手を誘導する。

〈ポイント〉緩める時は息を吸いながら前に波を伝え、吐きながら後へ引く。強く持たず、滑らせるように。

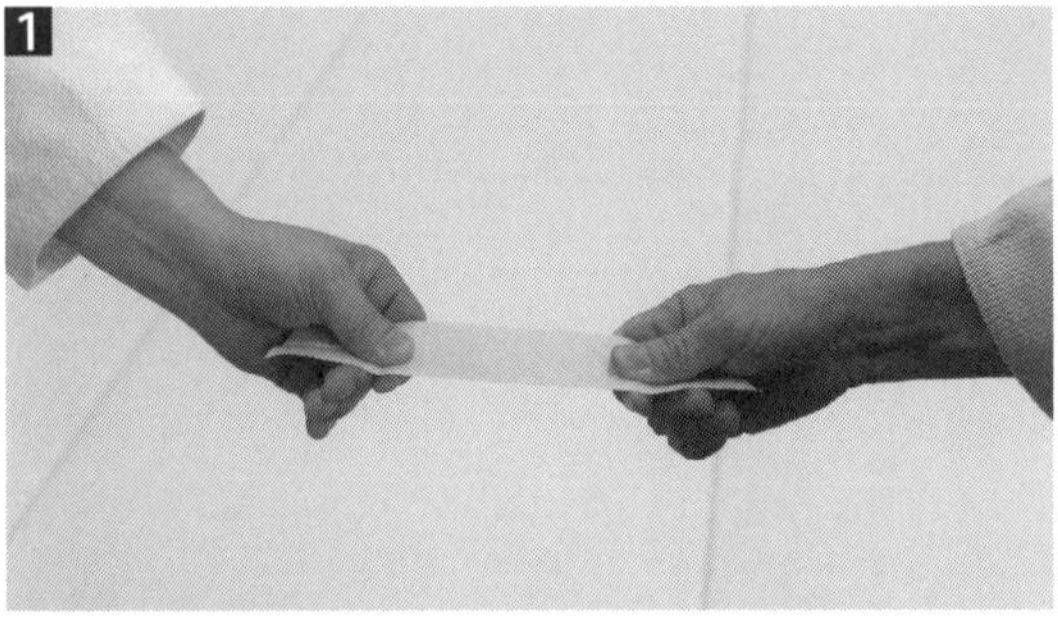

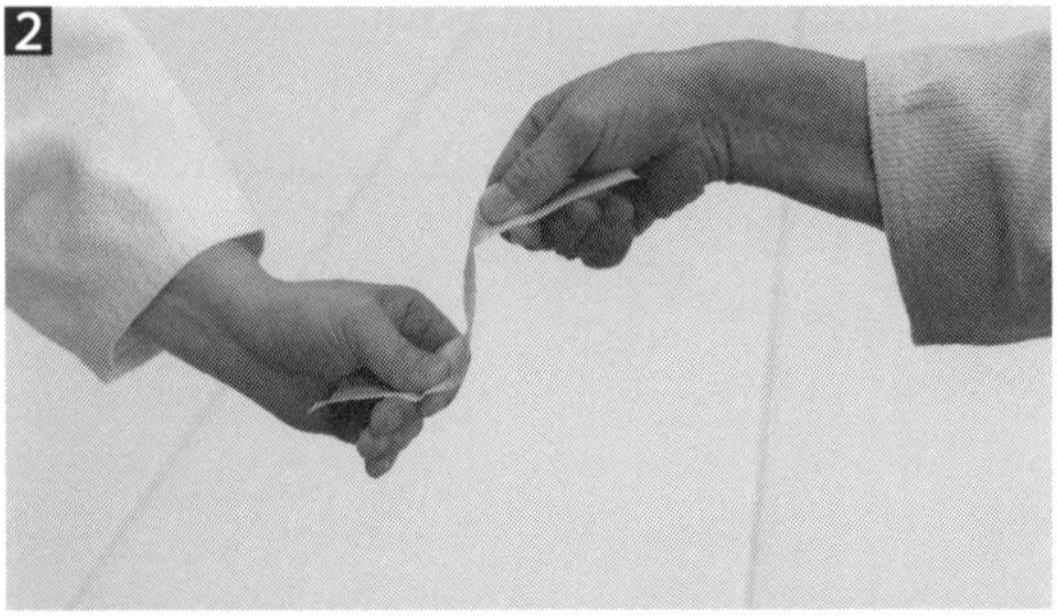

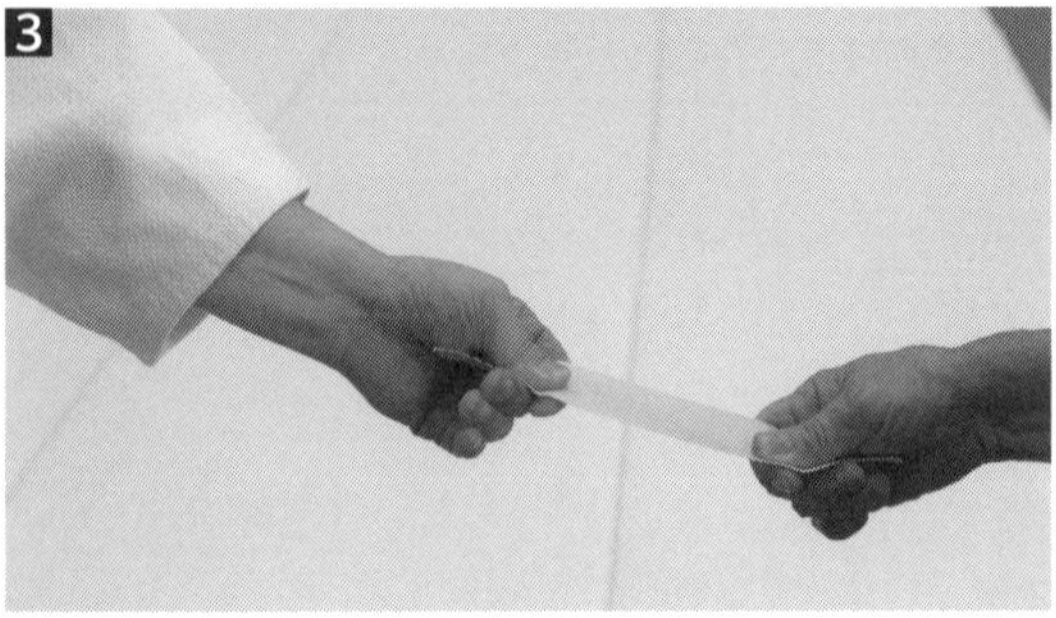

いったん緩めて相手にまったく力の働いていない状態を一瞬作ってから指をわずかに滑らせながら引くと、相手を体ごと誘導する事ができる。

《進化形》ぶっつけ引き

相手が手首を掴もうとしてきた時、自分の手の甲を相手の手の平にぶつけにいく。その反動で掴んできたところを引くと、相手を体ごと引っ張り込む事ができる。

1

2

3
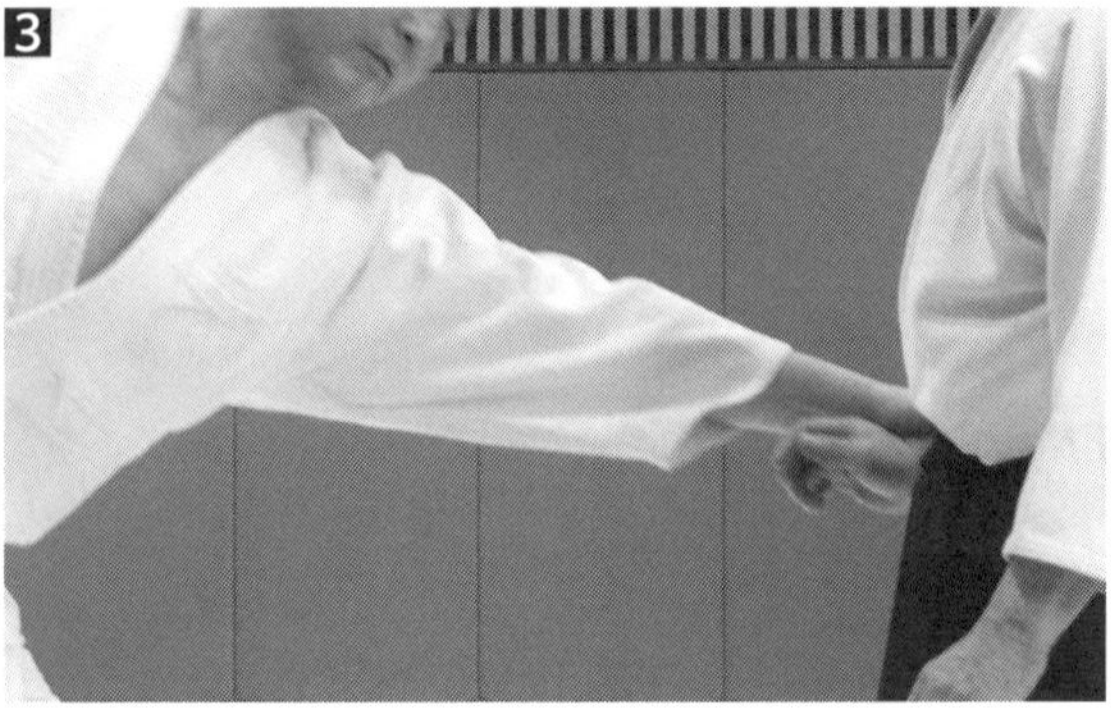

1
2
3
4

《進化系》息吸い引き

相手が手首を掴もうとしてきた時に息を吸いつつ胸を出し、掴まれた瞬間に体全体で引くと、相手を体ごと崩す事ができる。
〈**ポイント**〉息を吸いつつ胸を出して、引く一連は「**α**」の文字のイメージで。引く時に腕でやろうとしてしまいがちなので、腕は使わず、体で引く事。

1

2

3

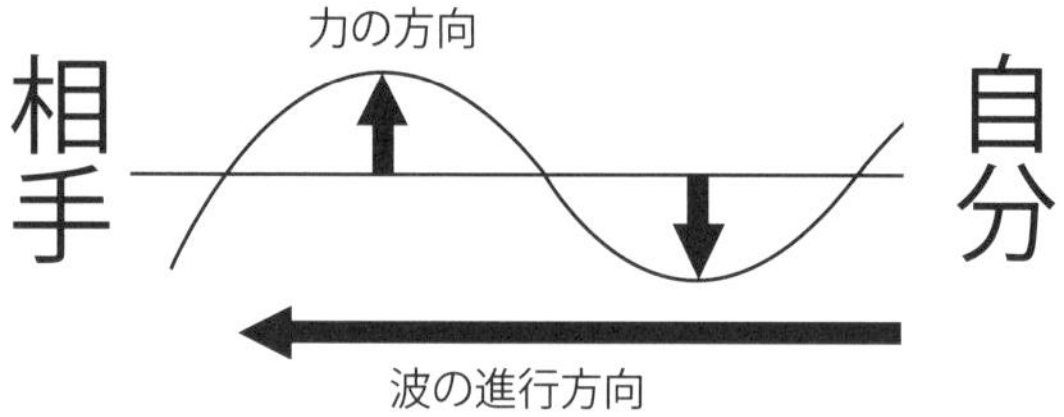

◎相手にどんな力を伝えるか？

本項目「伝え合気」としてご紹介したのは、相手に自らの起こした力、動きを伝えようとするもの。ただし、大きな力を伝えるから相手を崩せる、という図式にはなっていない。力の質であったり方向であったりが問題で、要は相手にとってどういう力は抗い難く、崩しに繋がるか、というところを追究したものだ。

例えば、最初に示した「波」というものは、単純にそれ自体に力の特性があり、だからこそ崩しに繋がる。それは波が伝わる進行方向と対象に与える力向きが違う、という事だ。

すなわち、押しますよと言って単純に相手方向に力を加えれば、こちらを上回る力が相手にあれば堪えられてしまうが、押しますよと言って別の者が相手を横から押せば、大した力を要せず相手を崩せる、という事だ。

これは単に一例で、重要なのは相手の予期せぬ力をいかに相手に伝えられるか伝えられるか、という事だ。また、そういう状況をいかに作り出せるか、という事だ。

フェイントの一種のように思われるかもしれないが、少し違う。相手の裏をかこう、というのではなく、いかに相手の動向、意図を汲み取って、それに抗わないようにするか、というところこそが〝合気〟の本質なのだ。だからこそ、力やスピードが必要なくなる、という事だ。

逆に言えば、相手の動向、意図が汲み取れなければ、相手を上回る力やスピードで相手とぶつかって、突破するしかないのだ。いかにも現代は、力やスピード至上主義に偏っている気もするが、スポーツ競技の世界でも、頭一つ抜きん出た成績を残すトップ選手は、こういうところができているからのような気もするのだ。

〝話をして伝える〟という事も同様だと思う。今は圧倒的な知識・情報量、話力を持って相手を論破するのが優れた論客であると思われている節もあるが、それで本当に話が伝わっているのだろうか？　相手に敗北感、屈辱感、不満を残すようでは論も意味がない。

相手の動向、意図を汲み取り、その上で伝える、という事ができて初めて伝わるものも伝わるのではないだろうか？

第5章

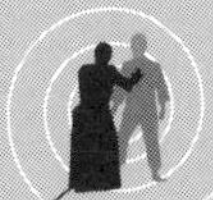

合気技法体得のコツ〜基本・実戦・段階修練

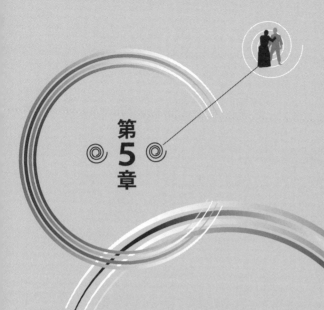

実は前章でご紹介したのは、結構な高度技法に分類されるものだ。

〝接触〟を巧みにコントロールして、力の大きさによらず相手を崩すなどは、簡単には技としてできるようにはならない。しかし同時に、技の〝エッセンス〟としては、体現する事もそう難しいものではない。だからこそ、そして「合気」というものの本質を知る事にも繋がるので、前章にご紹介した。

〝エッセンス〟の部分を実際に自分の体で経験する事は、ものすごく大きな意味がある。それなしに技の形だけなぞろうとしても、大東流の技法に限って言えば意味がないからだ。

だから本書の目的は、〝合気〟をできる限り平易な形の〝エッセンス〟に分解して、誰でも体験できるものとし、とにかくいろいろな形でその体験を重ねていただく事にある。

つまり、とにかくやってみてほしい。本章は、そういう想いのもとに、数多くの稽古実例をご紹介していきたいと思う。

誤解を恐れずに言えば、〝遊び〟のようなつもりでやっていただきたいと思った。それくらい肩の凝らないものを目指した。

〝遊び〟を侮らないでいただきたい。ご自身が子供の時、どれほど〝遊び〟に真剣に取り組んでいたかを思い出してほしい。そして、楽しかったはずだ。それまで知らなかったようなものに触れる事、できなかった事ができるようになる事、それはとてつもなく楽しい事なのだ。

武術とは本来、そういうものではないかもしれないが、私はこの〝合気〟の不思議さを、老若男女問わず、例えば家族でもみんなで楽しめるようになればいいと思う。力のぶつかり合いを伴わないのが〝合気〟なので、それが可能なのだ。

犬かき

肩幅に両手を上げ、正面から相手に両手首を掴んでもらう。

犬かきの要領で、両手を交互に〝かく〟ような操作によって、前に進み出て行くことができる。

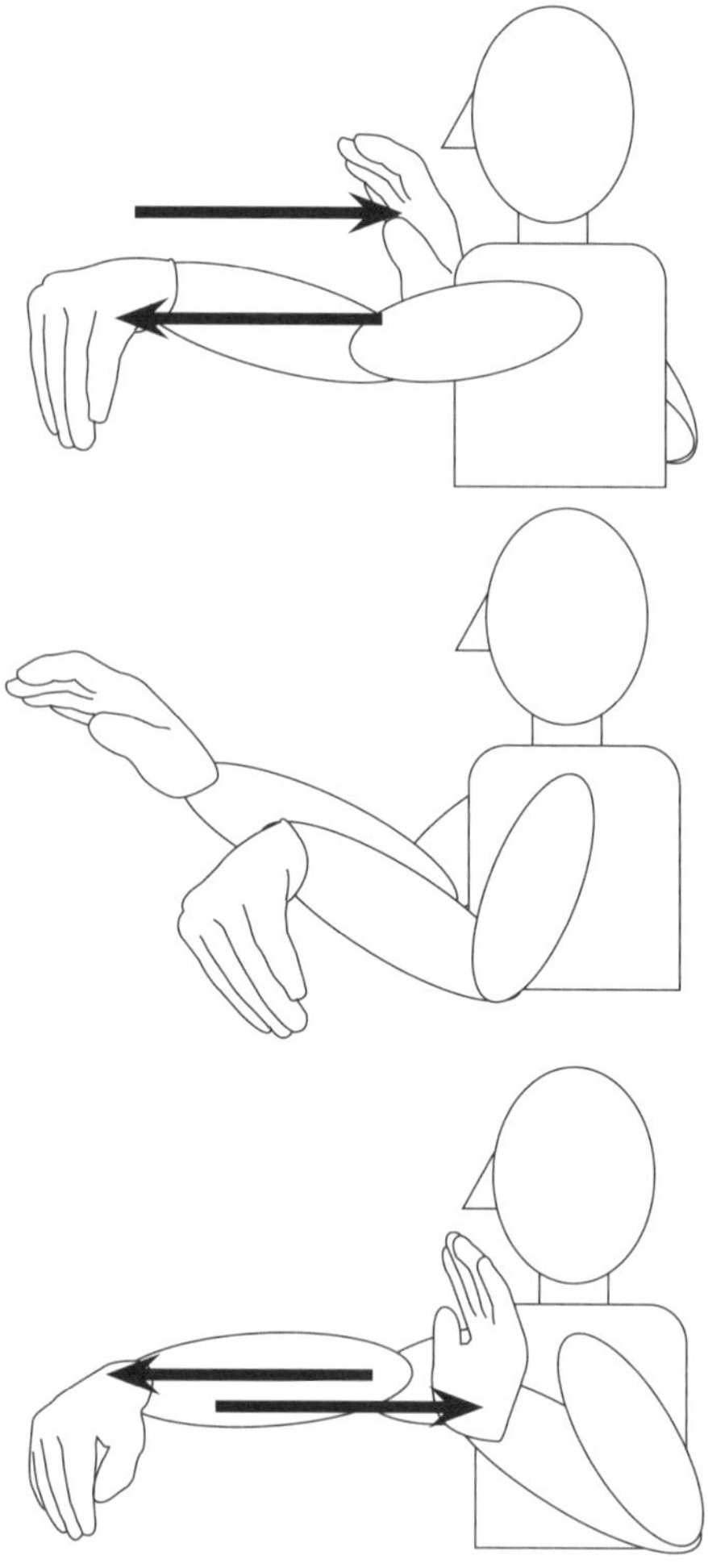

1
2
3
4
5
6

窓ふき

正面に立った相手の右胸に手の平を付け、皮膚一枚を滑らすような感覚で、手の平を右胸から中央に横移動させる。

そのまま縦移動させながら一歩進み出ると相手を一気に崩す事ができる。

〈ポイント〉一歩前に出る時の送り足を忘れずに、体ごと体重移動する。

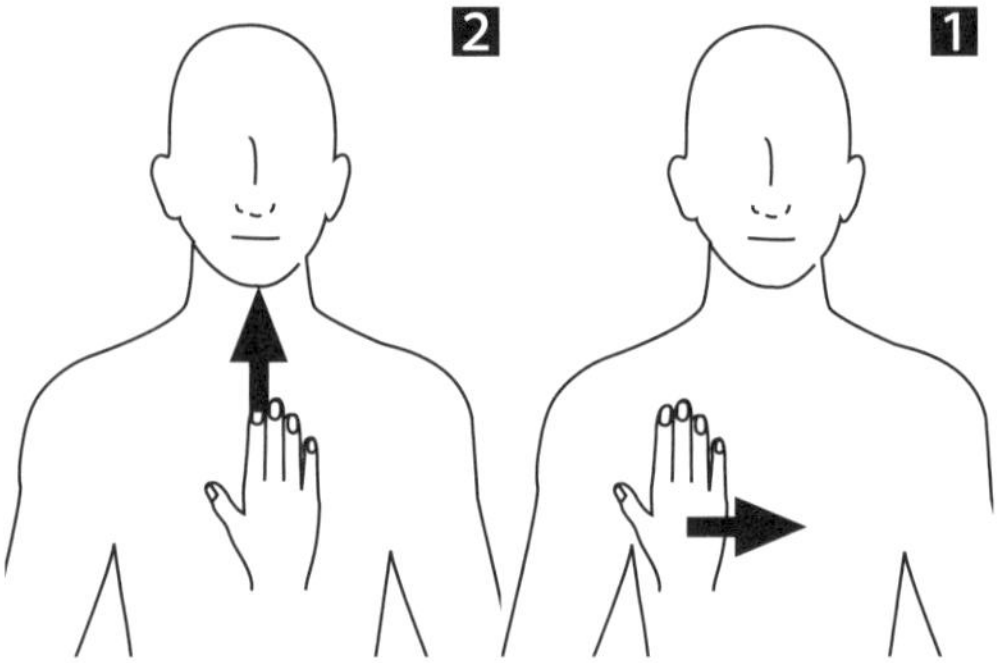

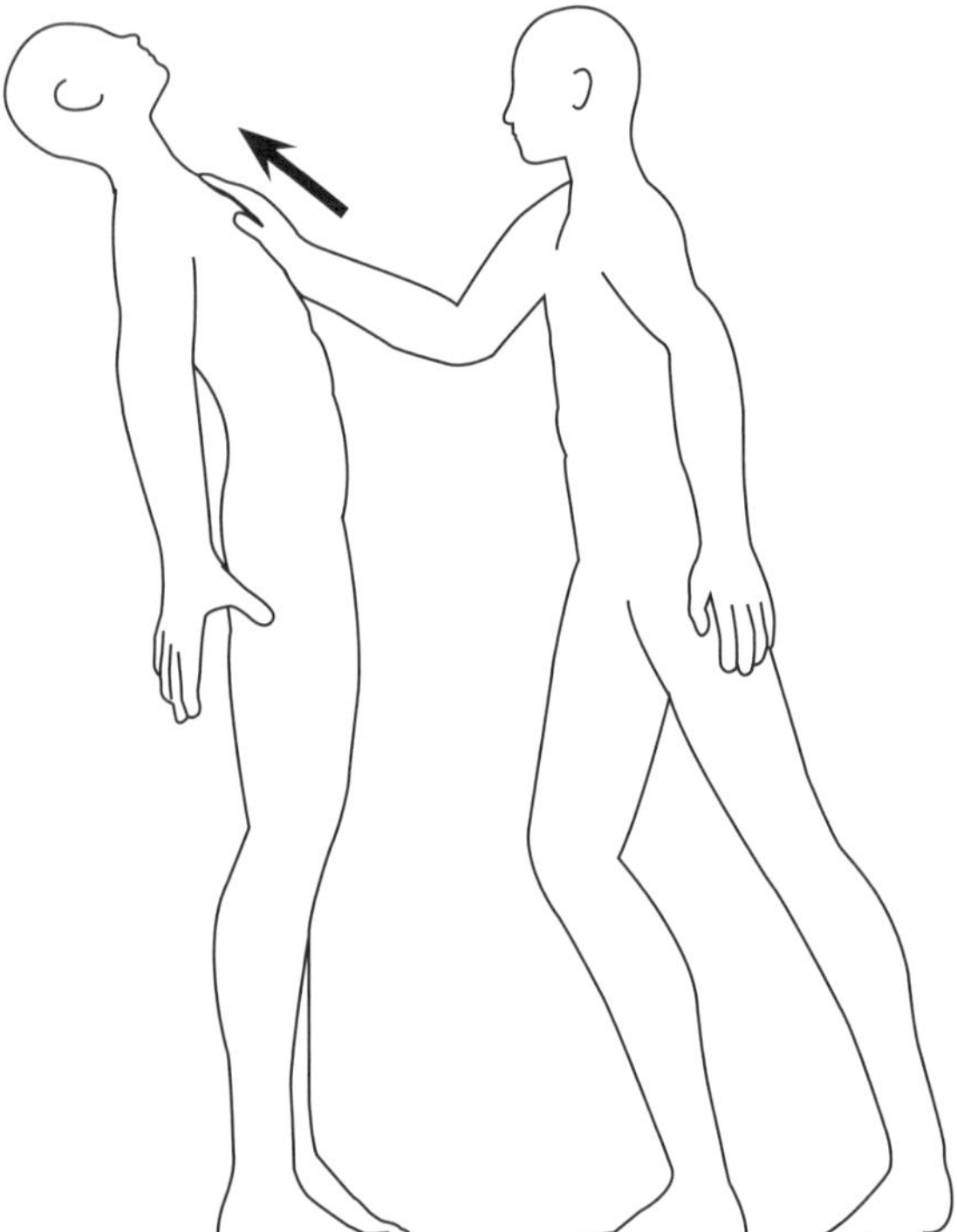

1

2

3

外よけ　両手乗せ崩し

相手の正面突きを両手で逸らしつつ外によけ、両手で触れたまま、皮一枚をすべらす要領で、体全体を落とす事によって相手の体を崩す。

〈ポイント〉意識はすべらせた方向のまま、相手の体の中へ入るイメージで。皮膚の遊びがなくなったところで、体全体を一気に落とす事によって相手は崩れる。

突きを止めて落とすのでなく、突きの進行方向に気持ちを流しながら、肘と膝を同調させ、〝一つの塊〟となって落ちる。手で下に押そうとしない事。

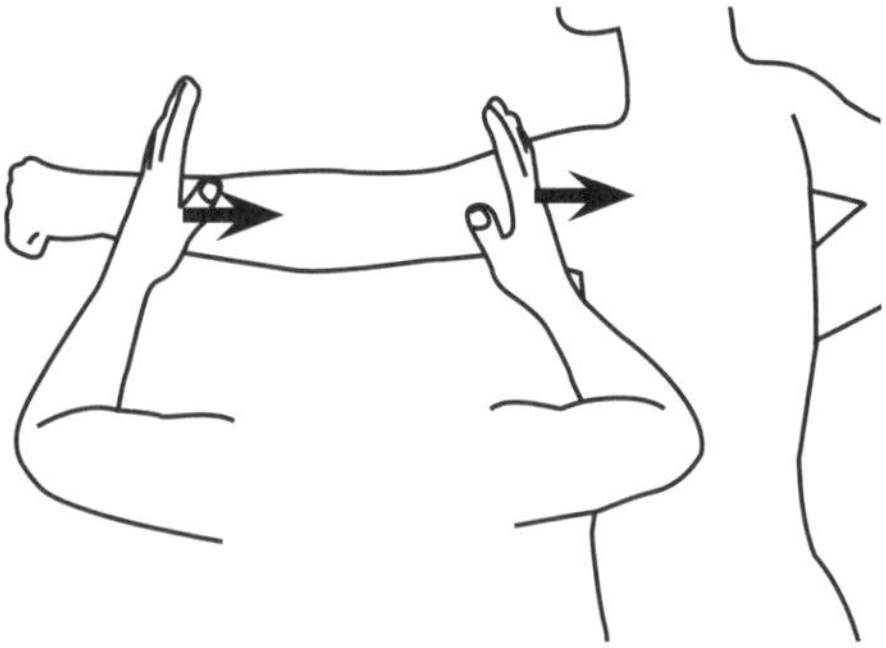

〝皮一枚〟をすべらすように

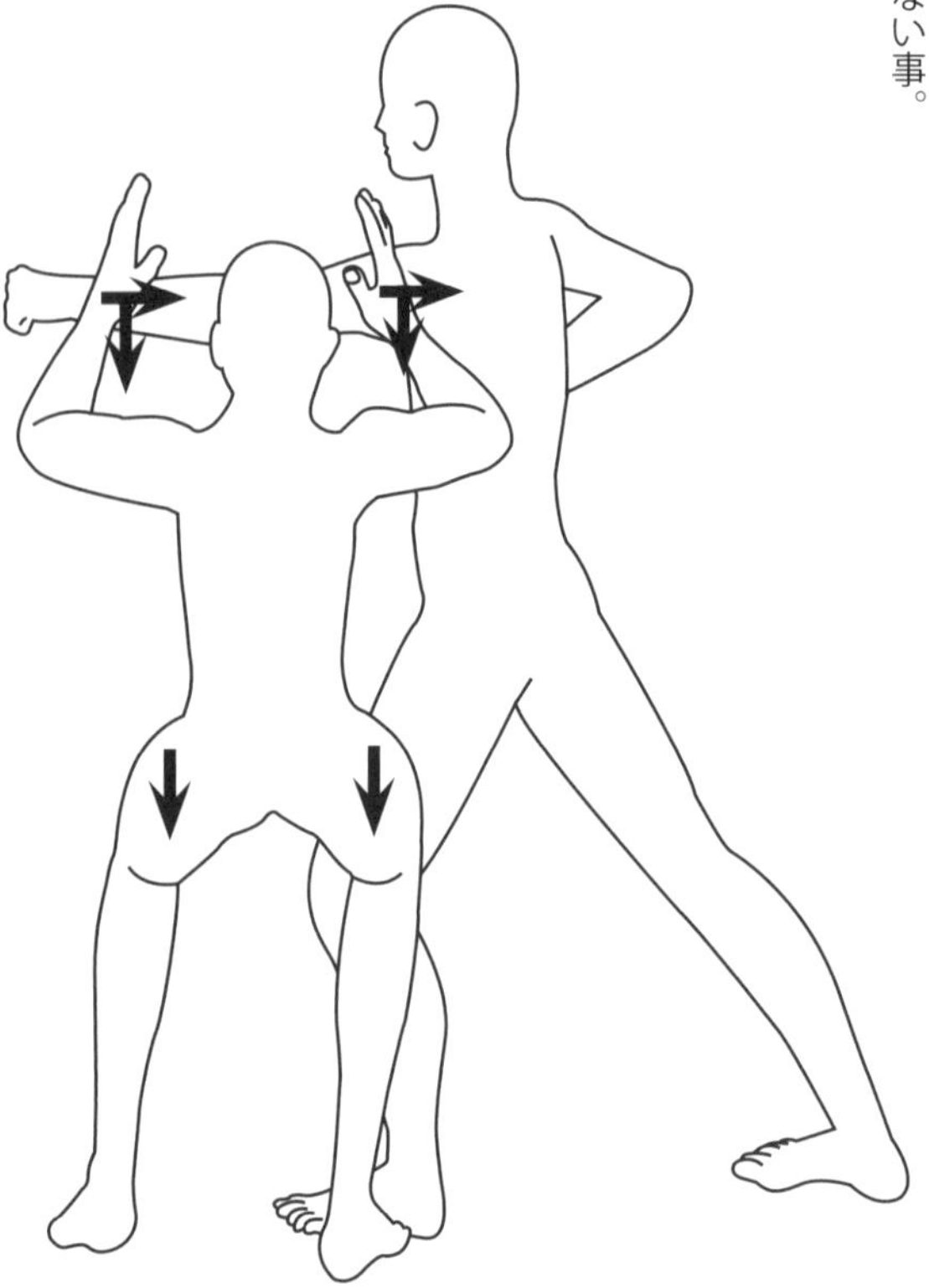

相手の突きを受けた両手の接触そのままに崩しをかける技法。手の力でやろうとするとできない、〝皮一枚すべらす〟操作のなせる技。

3… 段階的に進める技

手取り〜崩し—①吸収スプリング

両手首を勢いよく持たれたら、肘を曲げ、手を体に近づけ吸収したら、一歩前に出る。

手取り～崩し－②そのまま前進

両手首を持たれた瞬間、腰と一緒に一歩前に出る。

手取り～崩し―③片手前進

片手首を持たれた瞬間、腰と一緒に一歩前に出る。

手取り～全身を使った崩しー①下げ

立位で両手持ちされる。
頭と両手をパントマイムのように、同時にカクンと落とす。
〈ポイント〉頭と両手を下ろすのがずれると効かなくなる。

手取り～全身を使った崩し－②上げ

立位で両手持ちされる。
頭と両手がつながっているとイメージし、一緒に同じ動きで上げる。
〈ポイント〉頭と両手はスピード、力、動作をすべて同じに。

手取り～全身を使った崩し―③座上げ

正座し、膝の上に置いた両手を正面から掴まれる。

頭を下げ、右手と右側頭、左手と左側頭が板に打ち付けられて、同じにしか動けないイメージで上げる。

〈ポイント〉手には絶対力を入れない。さらに、頭が上がったのでしかたなく手が上がってしまったと意識する。

1

2

3

手取り〜全身を使った崩し−④同方向への合気上げ

立った状態で正面から両手首を掴まれる。

丹田の意識を膻中（だんちゅう：両乳首の中間）に上げる。すると無意識に両手が上がる。

〈**ポイント**〉手に意識があると止められる。手は体の上下で動く。

手取り～全身を使った崩し—⑤跳ね返りの合気上げ

骨盤の左右端を意識する。
意識を足裏に持って行き、床に思い切りぶつける。
その跳ね返りで体全体が浮く感じになり、両手が上がる。

手取り～全身を使った崩し―⑥反作用の合気上げ

首の後ろに意識を持って行く。背骨を通して一気に仙骨まで意識を落とす。体の後面が下りる反動で、体の前面が上がる。

〈ポイント〉手に意識があると止められる。手は体の上下で動く。

手取り～全身を使った崩し―⑦下げ上げの合気上げ

〈ポイント〉フォークリフトのように相手の丹田を膻中まで上げる。

膻中の意識を丹田に落とす。

自分の丹田を相手の丹田の下まで伸ばし、乗せる。

相手の丹田ごと、意識を膻中に上げる。

皮膚取り～①額

相手の額に手指の腹を当て、皮膚1枚を滑らせる。突っ張ったらそのままにし、その状態で体ごと前へ進む。

1

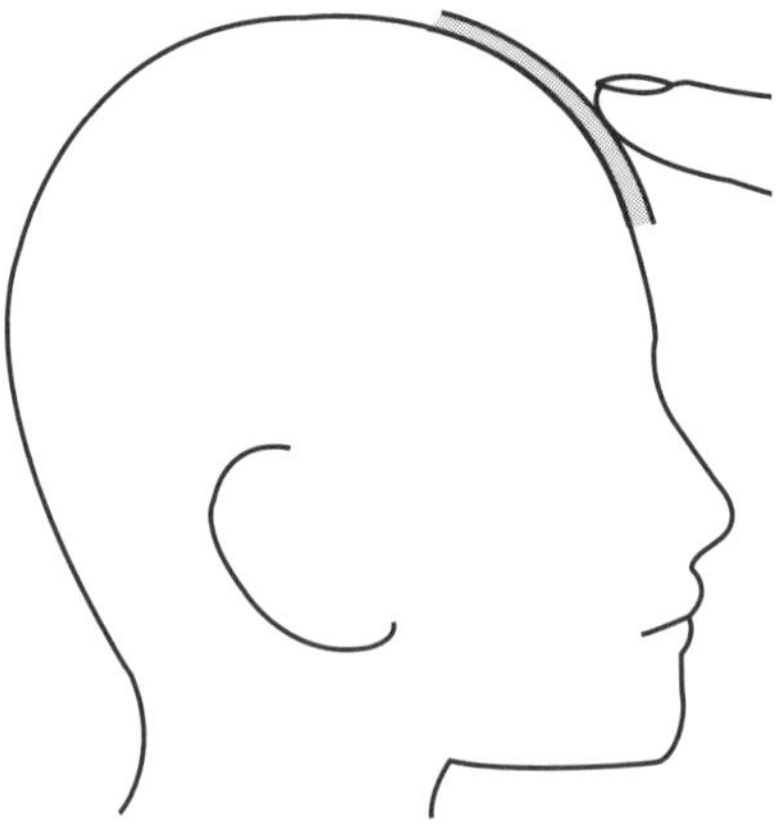

2

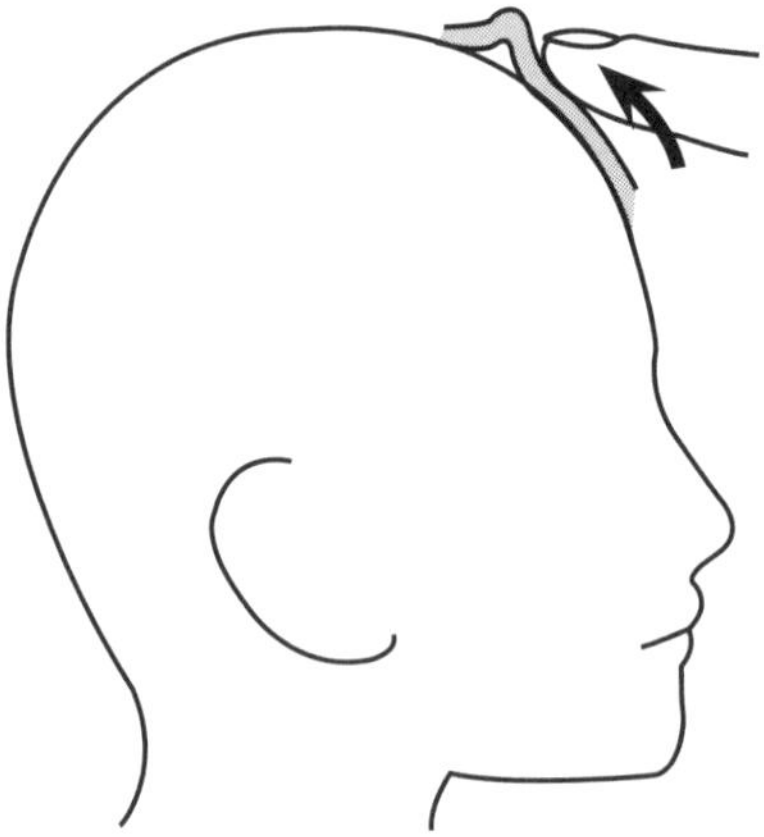

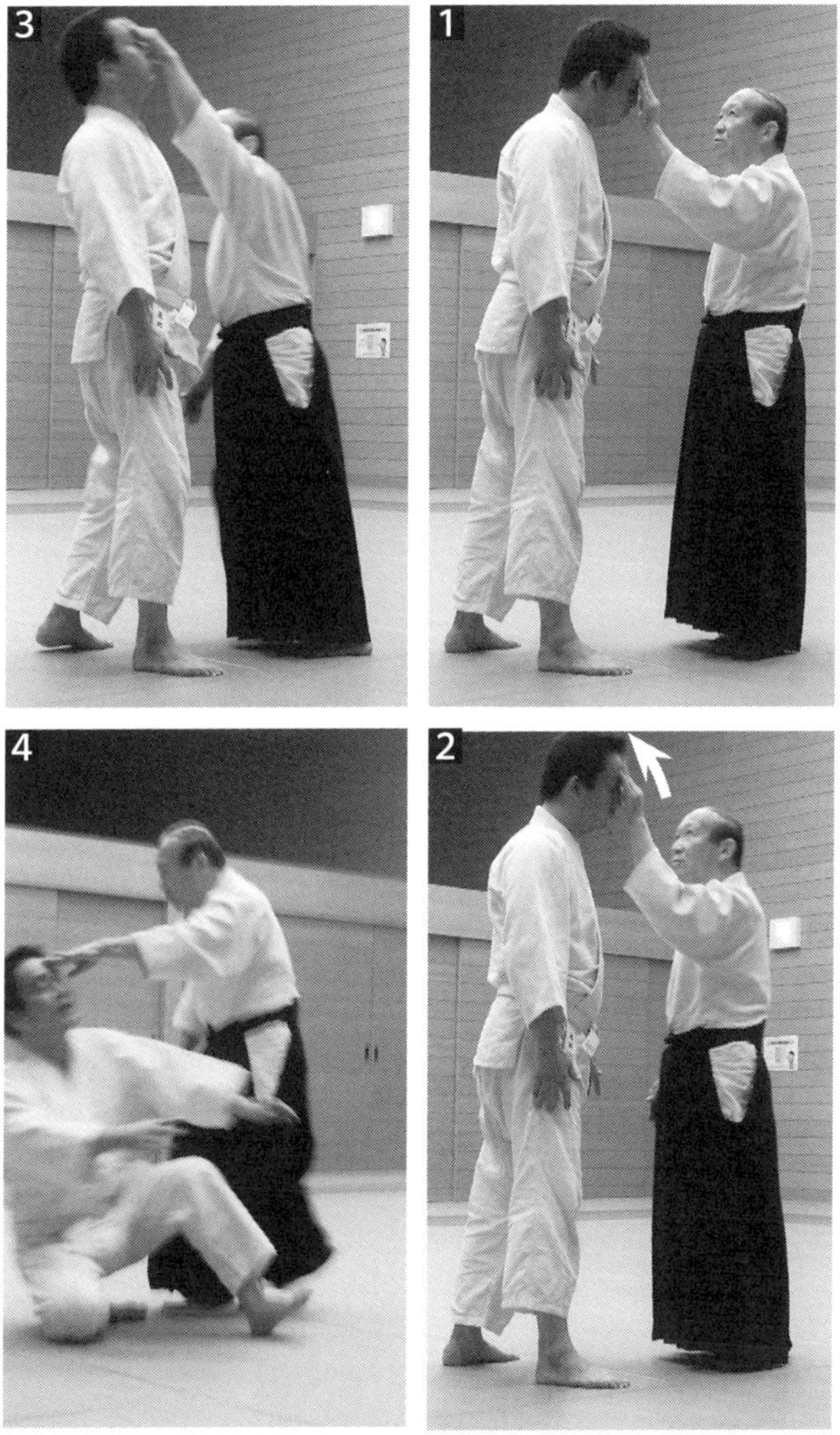
1
2
3
4

皮膚取り～②足首なで回し

立っている相手の外くるぶしに手を当ててアキレス腱側に下から上に上げて、さらに下へと1回転することによって前へ崩す。
〈ポイント〉皮膚1枚を巻き込むように。

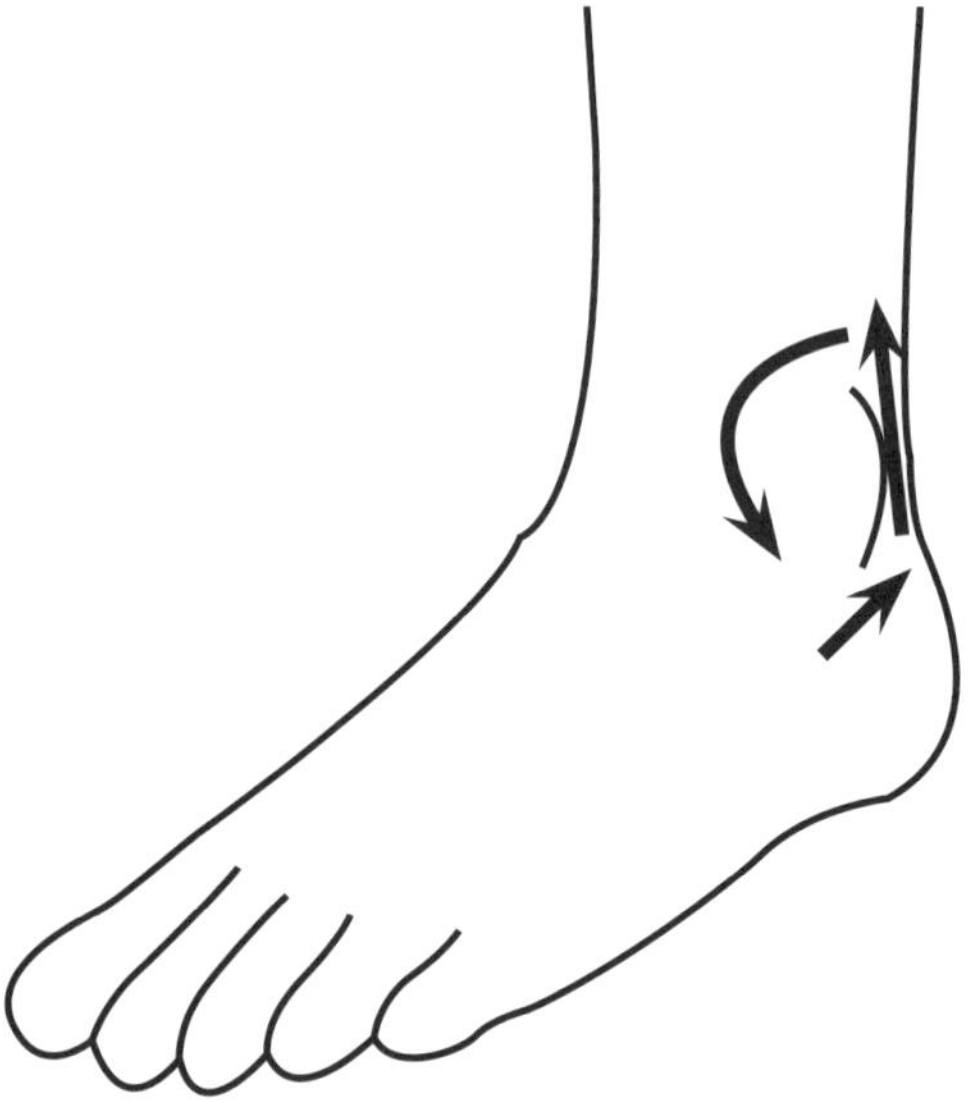

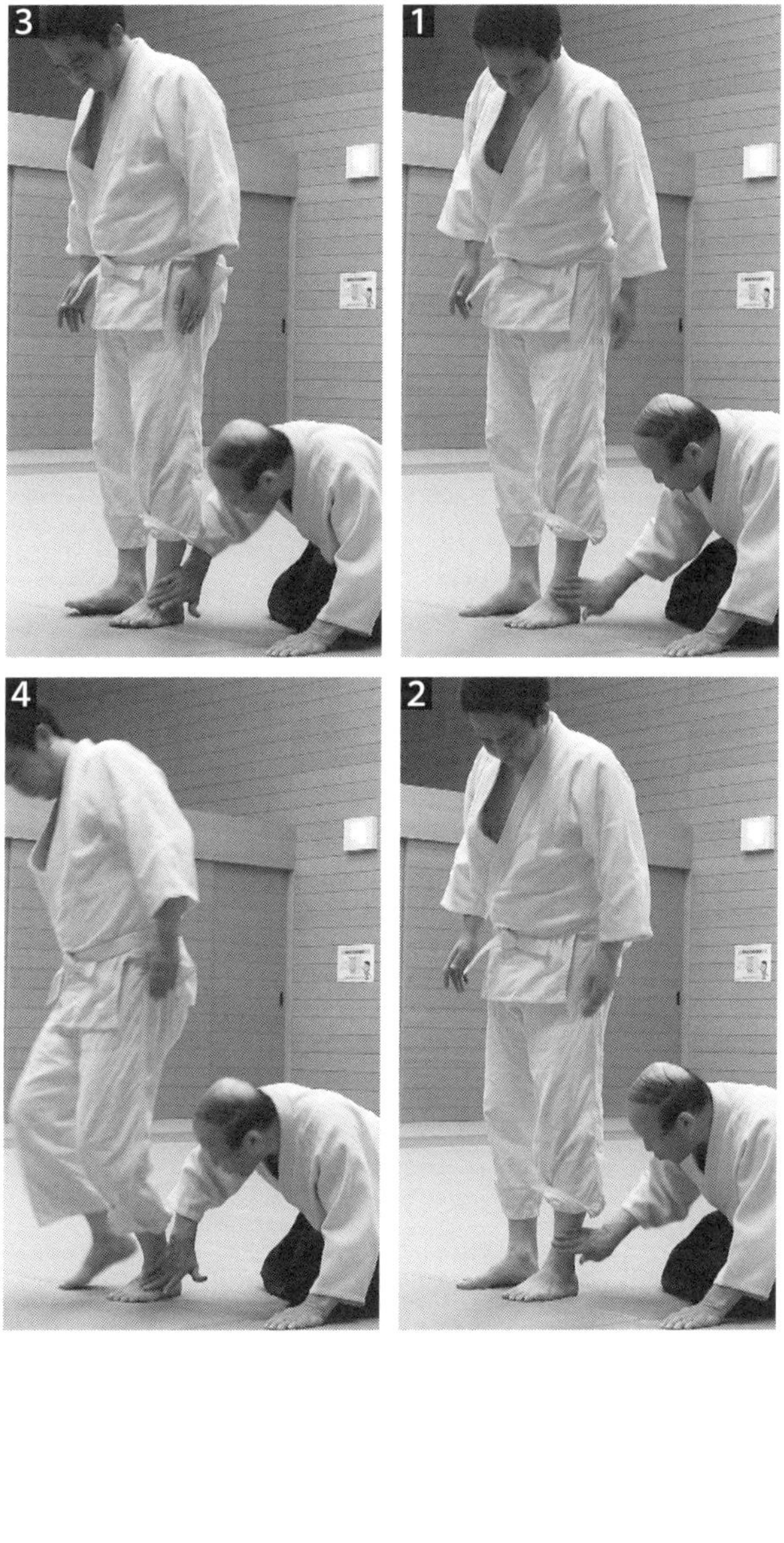
1
2
3
4

皮膚取り〜③膝なで回し

立っている相手の外膝に4指の腹を付け、上↓前↓下↓後と1回転させて前方に崩す。
〈ポイント〉 皮膚1枚を巻き込むように。

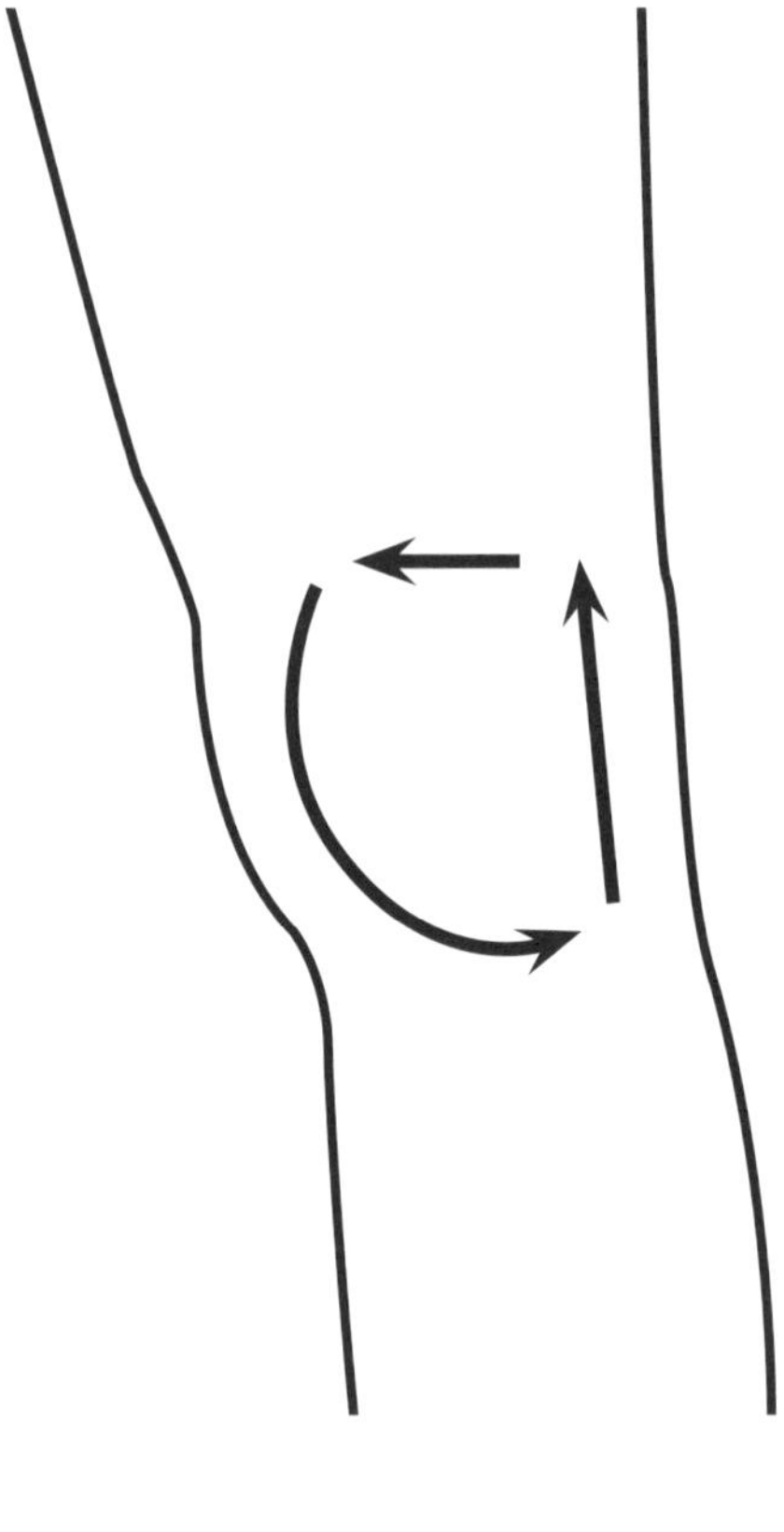

1

2

3

4

皮膚取り～④腰なで回し

立っている相手の外腰に４指の腹を付け、、前↓上↓後↓下と１回転させて後方に崩す。
〈ポイント〉皮膚１枚を巻き込むように。

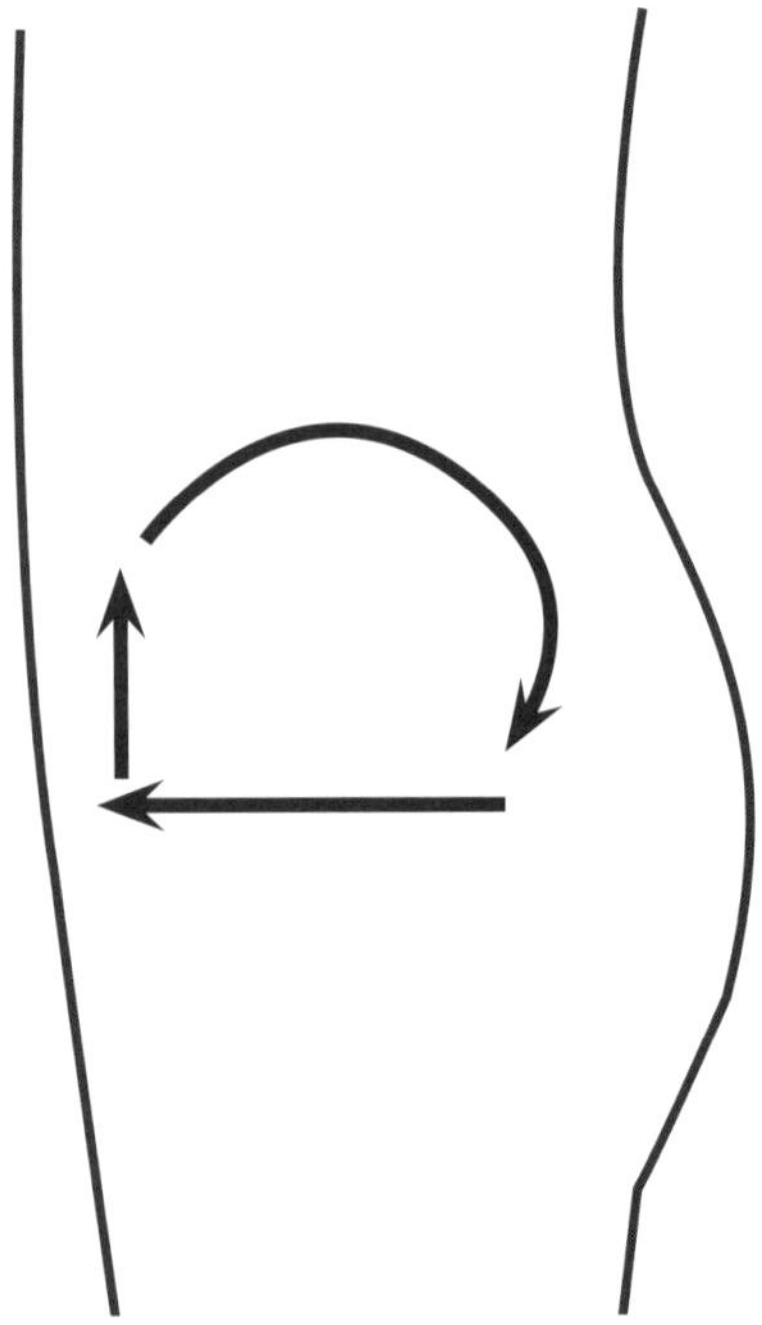

1
2
3
4

付録　4つの護身術

ここに付録として護身術の例を4つほどご紹介して本書の締めくくりとしたいと思う。どちらかと言うと〝合気〟というよりは〝柔術〟のニュアンスに感じられるものだが、それだけに誰にもわかりやすく合理的な体動によって成り立っている。そして、その〝合理〟が何のためにあるかと言えば、力のない者でも力のある者に対抗し得る、ためであって、それが護身術の大前提であるとともに、本書における合気の定義「力によらない」に沿ったものだ。

ある意味、「力によらない」の原点がここにあるとも言える。

「力によらない」と理屈はわかっていても、なかなかそれを体感するのは難しいものだ。だからぜひ、これらの例を力のある人に思い切り掴んでもらいつつ、試してみてほしい。〝力んだ方が不利になる〟感覚はこういう例の方が体感しやすいのではないかと思う。そして〝力んだ方が不利になる〟が体感として理解できたら、〝合気〟の体得もきっと早いと思うのだ。

また、「護身術」として掲げるからには、実用性も鑑みた。つまり、とっさにそれができるか、というところ。そういう意味で、それぞれにちょっと俗なコツを添えておいた。そういうイメージで練習し、そういうイメージで半ば遊びのように覚えてしまってほしい。そうすれば、きっととっさの時に出て来やすいのではないかと思う。

とっさの時に出て来てほしいのは技術だけではない。本当の意味で〝力んではむしろダメだ〟という感覚なのだ。

いくら〝合気〟の修練を重ねて、そういう技がいくつかできるようになれたとしても、いざとなったら全然違う体動で、力んでしまうのでは意味がない。本当の意味で〝力んではダメだ〟と体が感じてくれる、それをぜひこの4つの護身術で体感、確認してみてほしい。

①片手で片手を掴まれたケース

片手を掴まれたら、手の平を下に向け、胸の前に水平に持っていく。
掴まれた手首を引くのでなく肘を突き出すようにすると、相手を突き崩す事ができる。
〈**ポイント**〉志村けんの「アイーン」の要領で。

1

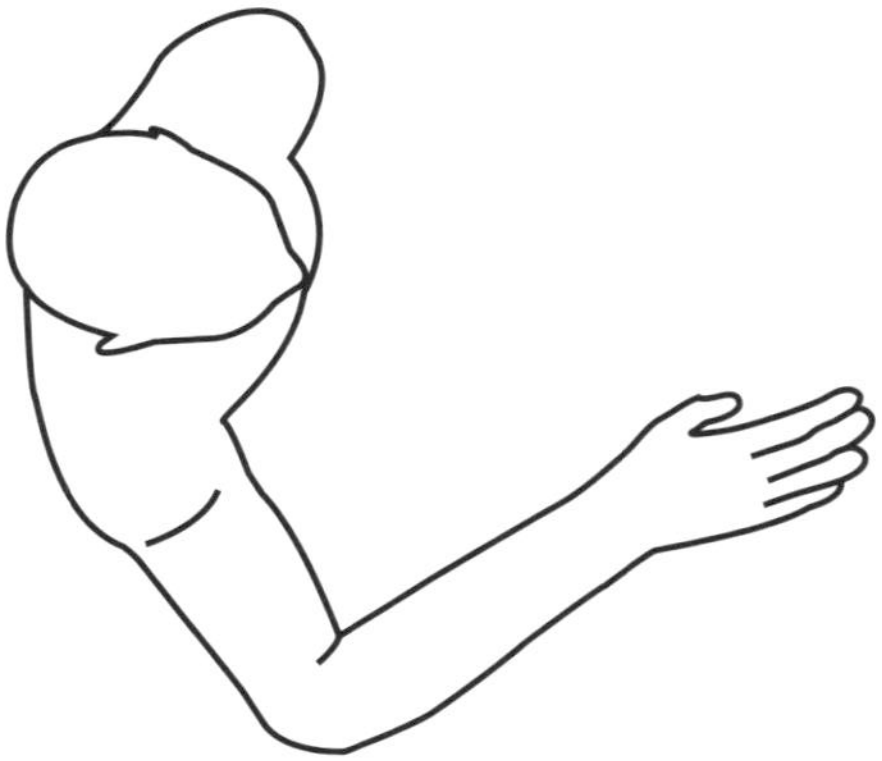

2

1
2
3
4

②両手で両手を掴まれたケース

両手首を同時に掴まれたら、上げようとしたりせずにその場で両手を組む。
組んだ手を、肘を支点に縦に回すと掴み手ははずれる。
〈ポイント〉「アーメン」と祈るように。

1

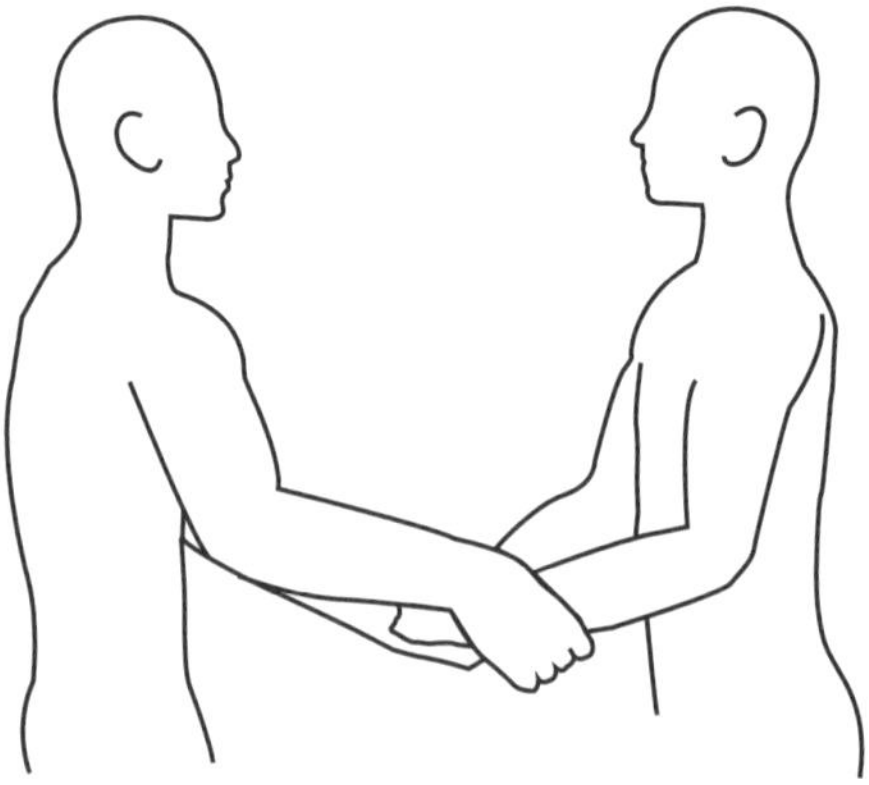

2

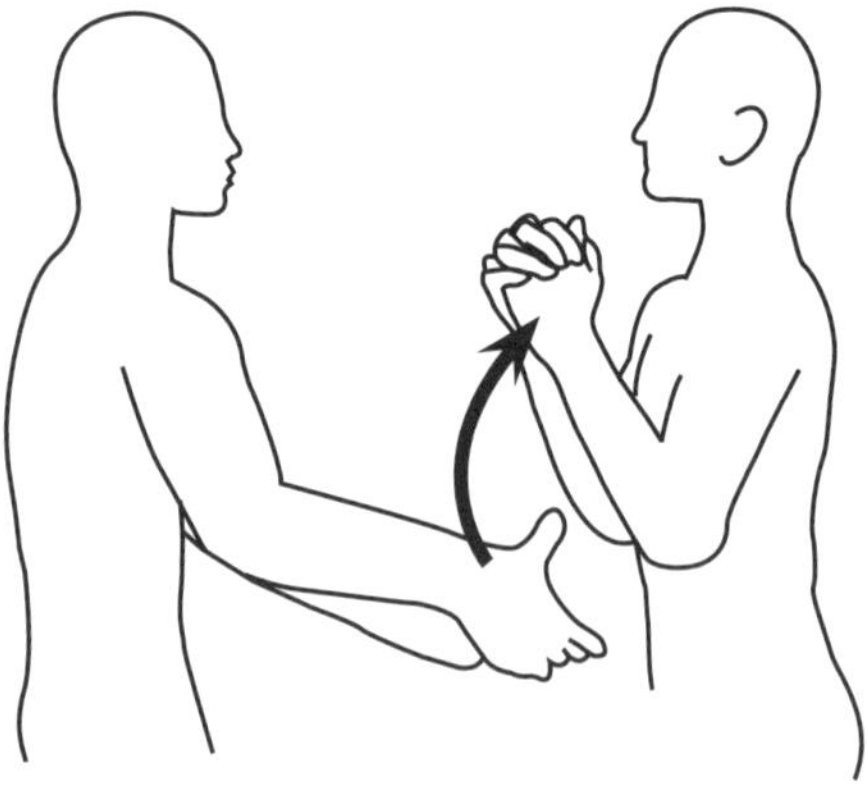

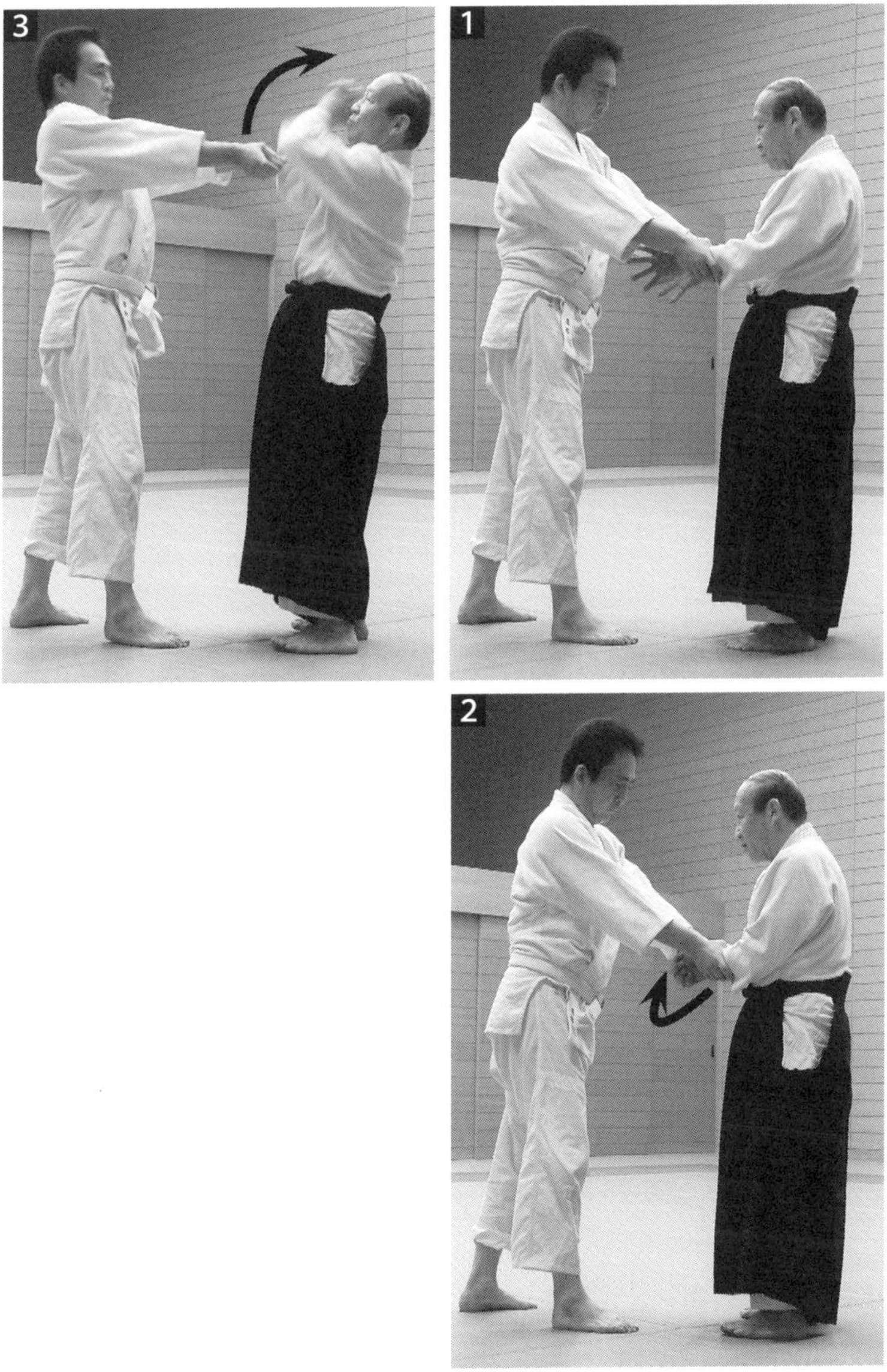
3
1
2

③片手で胸元を掴まれたケース

相手に右手で胸元を掴まれたら、右手で相手の右手の甲を自分の胸に押さえつける。

左手は手刀部分を相手の肘の凹んだところに当てる。

胸に手を押さえつけたまま、胸を張りつつ左手を自分の腹に近づけるようにしながらおじぎをすると、相手は下に崩れ落ちる。

〈ポイント〉「ごめんなさい」と謝るように。

1

2

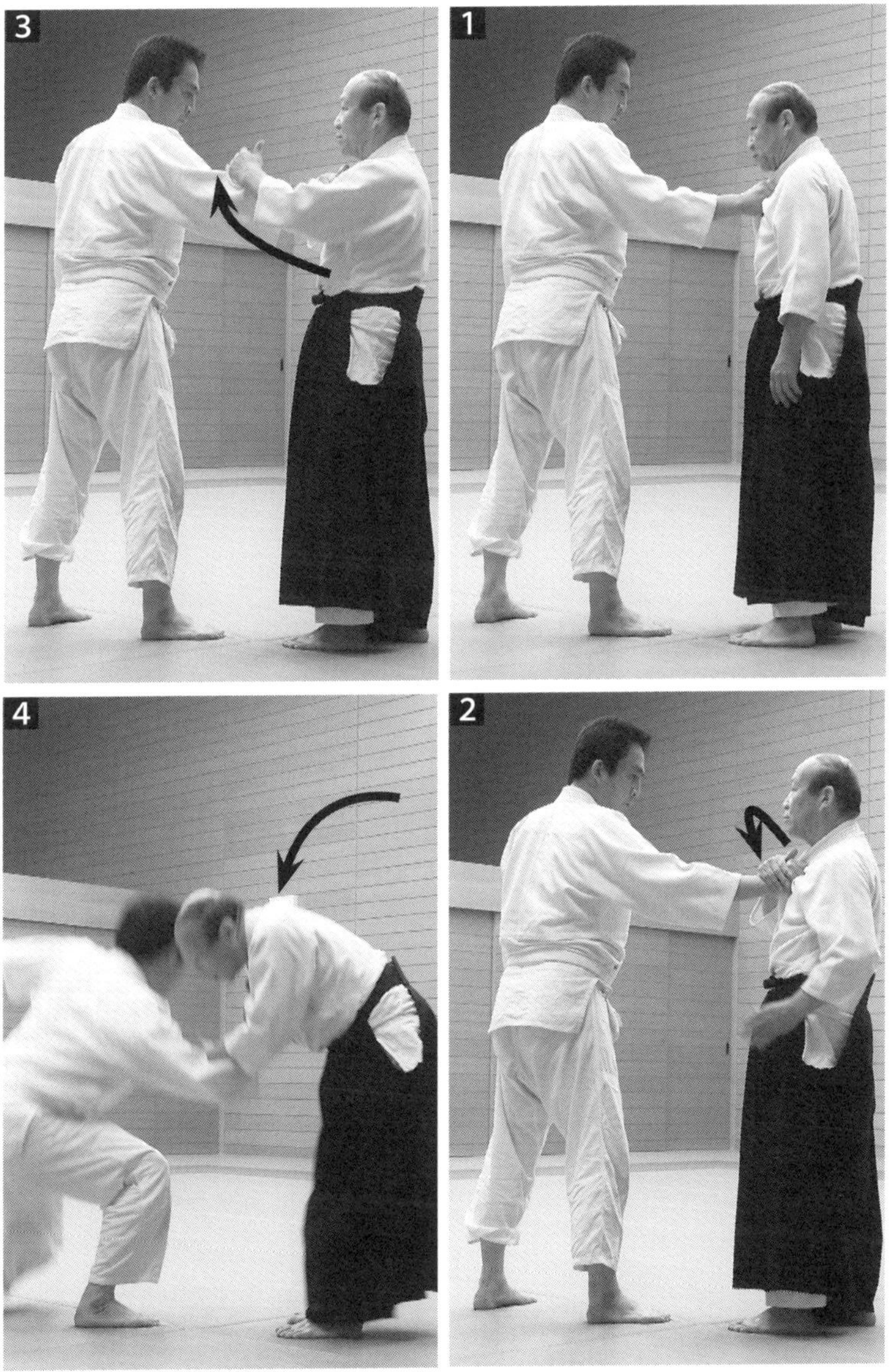
1
2
3
4

④両手で胸元を掴まれたケース

相手に両手で胸元を掴まれた時、その相手の両手前腕部を両腕で挟み、手を組んで肘をしぼる。

腰も一緒に体全体で片側へ一度振り、逆側へ大きく振ると、相手を振り崩す事ができる。

〈ポイント〉「いやーん」と身を振る要領で。「い」で片側へ振り、「やーん」で逆側へ大きく振る。

1

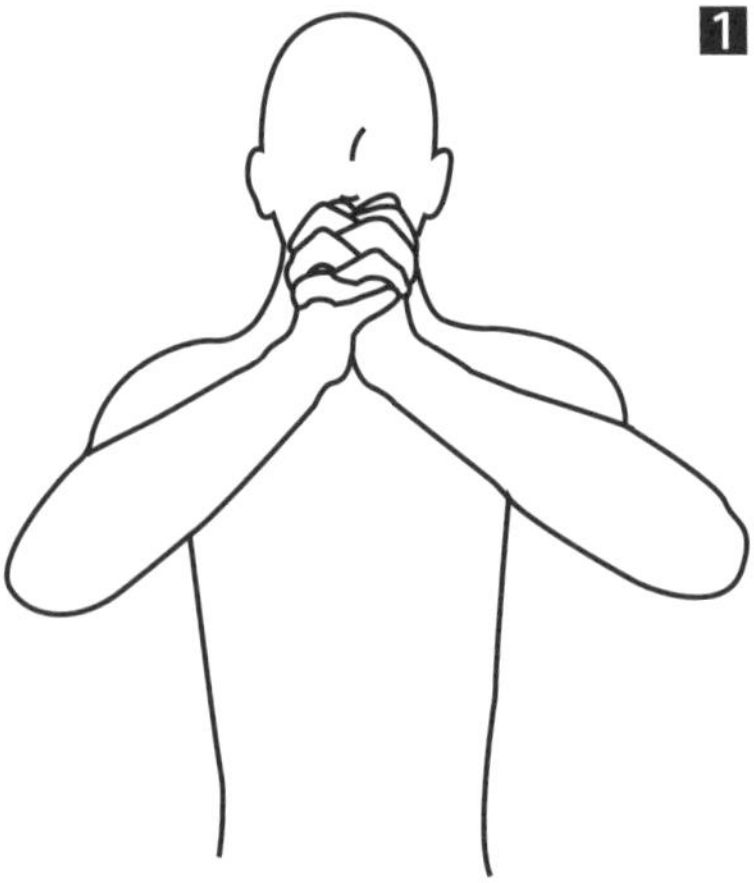

2

1
2
3
4

参考文献

『秘伝　大東流合気柔術総覧　真伝』ＢＡＢジャパン
『秘伝　大東流合気柔術総覧２　奥伝』ＢＡＢジャパン
『月刊秘伝』（１９９８年５月号）
『月刊秘伝』（２００１年９月号）
『月刊秘伝』（２００６年１月号）
『月刊秘伝』（２０１０年５月号）

おわりに

そうは覚悟していたが、合気を体得するというのは、大変な道のりなのだ。しかし、そんな中にも確実に楽しさ、充実感がある。

大変な道のりであるというのは、きっと何を精進するのも同様なのだろう。ただ、この楽しさや充実感の方は、ほんのちょっとした事で経験できたり、できなかったりする。

縁あって武田惣角先生のご息女宅へ訪問したところ、快く上げていただき、惣角先生のご位牌に手を合わせた時、ググと響くものを感じた。それらが相まって、この本を書きたいと突き動かされるものになった。

この不思議で素晴らしい武術をその入り口にすら立った位で諦めてしまったり、あるいはその片鱗をも体験せずにいるとしたら、それはあまりにも残念な事のように思ったのだ。

この本で、大東流の不思議な感覚を味わっていただけ、多くの方に知っていただくことができたら、これに勝る喜びはない。

2022年11月

湯沢吉二

著者
湯沢吉二（ゆざわ よしじ）
1952年山形県生まれ。
1974年養神館合気道を井上強一師範に習い始める。1982年合気道三段。
警視庁において柔道、剣道、逮捕術、警杖術を習う。
合気道の源流である大東流合気柔術を学び始め、以来さまざまな武術団体にて修練を重ねながら「合気」の研究に没頭。「誰でもできる合気」の実現を目指す。

装幀：梅村 昇史
本文デザイン：中島 啓子

“ちょっとした事”で誰でもできる 合気のコツ

2023年1月10日　初版第1刷発行
2023年6月15日　初版第2刷発行

著　　者　　湯沢 吉二
発 行 者　　東口 敏郎
発 行 所　　株式会社ＢＡＢジャパン
〒151-0073 東京都渋谷区笹塚1-30-11 ４・５F
TEL　03-3469-0135　　FAX　03-3469-0162
URL　http://www.bab.co.jp/
E-mail　shop@bab.co.jp
郵便振替 00140-7-116767
印刷・製本　　中央精版印刷株式会社

ISBN978-4-8142-0521-9　C2075

BAB ジャパン 映像だからよくわかる！合気の極意！！　関連 DVD

分かりやすさを追求した、重心操作の指南書

DVD 合気の仕掛け

塩田剛三の合気道養神館で修行した後、大東流合気柔術・岡本正剛に長きに渡って学んだ、合気の達人・天野師範。このDVDでは師範が二大武道家の元で掴み取った合気の仕掛け方（合気の入れ方＝重心操作）を丁寧に収録。
●天野正之 指導・監修　●45分　●価格 本体5,000円+税

達人であればやっている、無意識の極意！

DVD 意識で合気をつかう

古来、武道武術の達人たちは、体の使い方だけではなく、意識をどう使うかを研究してきました。この意識の使い方は、技に直結するものであり単なる精神論ではありません。このDVDではその秘訣である【中心帰納】という【意識の使い方（心法）】を徹底解説。
●白石太志 指導・監修　●40分　●価格 本体5,000円+税

『腰回り』による、物理的な空間と速さを超越した動きを学ぶ！

DVD 円和の合氣道

円和——。無対立から生まれる『腰回り』による、物理的な空間と速さを超越した動き——。不世出の武道家・平井稔翁が創始した母体武道としての合氣道を、合氣道一元塾・成田新十郎師範が丁寧に解説。
●成田新十郎 指導・監修　●104分　●価格 本体5,000円+税

武田時宗直伝　瞬間の崩しと究極の投げ

DVD 極意！合気投げ

もっとも実戦的と言われる＜合気投げ＞の極意を石橋師範がついに公開！大東流史上、もっとも実戦経験豊富と言われる武田時宗師が伝えた本当に使える技、合気投げ！その理論と鍛錬法の詳細を徹底解説！
●石橋義久 指導・監修　●60分　●価格 本体5,000円+税

驚異の威力を生む＜伸張反射＞を知る！

DVD 達人の運動システム

合気や発勁など、達人たちが体現する一見不思議にみえる技術群。それらの技を成立させる上で必要不可欠な要素を、柔道整復師にして、長年武道や格闘技を研鑽してきた中島賢人師範が詳細に解説。
●中島賢人 指導・監修　●57分　●価格 本体5,000円+税

BABジャパン 映像で学ぶ！すぐに使える身体操法 関連DVD

股関節と肩甲骨はこうして作り変える!

DVD 真向法を極める!

真向法は、衰えた身体機能を回復させるための健康法として広く普及してきました。"たった四つ"の体操がもたらすその驚くべき効果は、一部の武術家や格闘家から絶大な支持を受けています。
●(公社)真向法協会　指導・監修　●63分　●本体5,000円+税

日本古来の歩法で疲れない身体を作る!

DVD 本当のナンバ歩き

このDVDではナンバ術協会最高師範である矢野龍彦先生と『月刊秘伝』でおなじみウィリアム・リード先生（ナンバ術協会特別師範）が、これまで認識されていた「ナンバ歩き」のイメージを払拭し、両師範が本当の活用法を詳細に解説する!!
●矢野龍彦、ウィリアム・リード　指導・監修　●81分　●本体5,000円+税

骨を意識すれば脱力はできる!

DVD 「力の抜き方」超入門　脱力のコツ

脱力を身につけるには数多くのプロセスがあるのでこれをひとつやればOKという簡単なモノではありません。このDVDでは、脱力の中でも骨を手がかりに肩の力の抜き方を徹底紹介。
●広沢成山 指導・監修　●73分　●本体5,000円+税

あらゆる武術・運動に効くトレーニング法

DVD 達人のカラダ作り

それぞれの分野で達人になるための【必須の基礎動作の身につけ方】を高橋先生が分かりやすく解説。筋力・スピードトレーニングとは異なる【動きの質を変える】ためのトレーニング法を幅広く紹介。目的とレベルに合わせた練習メニューとシンプルな強化法で誰でも無理なく、体と動きを鍛えていけます。
●高橋佳三 指導・監修　●65分　●本体5,000円+税

強い力士の知恵からしなやかで、ケガをしない体を作る!!

DVD シコトレ入門

お相撲さんの基礎トレーニング法としてだけではなく優れたエクササイズ・健康法としても注目される四股（シコ）。本DVDでは、その効果的なやり方を相撲トレーニングの第一人者・松田哲博（元・一ノ矢）先生が丁寧に指導していきます。
●松田哲博　指導・監修　●40分　●本体5,000円+税